Comportamiento Económico: Explorando las Decisiones Irracionales

Aitor Moreno Perea

1

Índice

Prefacio

La economía es una ciencia social que durante mucho tiempo se ha basado en la suposición de que los individuos toman decisiones racionales, buscando siempre maximizar su bienestar económico. Sin embargo, la realidad es que, en numerosas ocasiones, nuestras elecciones económicas están lejos de ser racionales y están teñidas de irracionalidad y emociones. Este libro, "Comportamiento Económico: Explorando las Decisiones Irracionales", te sumergirá en el fascinante mundo de la economía del comportamiento, donde la psicología y la economía se entrelazan para revelar los misterios detrás de nuestras decisiones financieras.

La economía del comportamiento es un enfoque revolucionario que ha transformado la forma en que comprendemos cómo las personas toman decisiones económicas en la vida cotidiana. En estas páginas, exploraremos los cimientos de esta disciplina, examinaremos cómo los sesgos cognitivos y las heurísticas influyen en nuestras elecciones financieras y descubriremos cómo la economía del comportamiento se ha convertido en un elemento vital en la formulación de políticas públicas y en el mundo de los negocios.

Capítulo 1: Fundamentos de la Economía del Comportamiento nos llevará a través de la historia de esta disciplina, desde sus humildes comienzos hasta su estado actual como una fuerza impulsora en la economía moderna. Descubriremos cómo visionarios como Daniel Kahneman y Amos Tversky cambiaron nuestra percepción de la toma de decisiones económicas y sentaron las bases para el estudio del comportamiento económico.

Capítulo 2: Modelos de Toma de Decisiones nos sumergirá en la diferencia entre los modelos económicos tradicionales y los modelos de comportamiento. Aprenderemos sobre los sesgos cognitivos y las heurísticas que influyen en nuestras elecciones y exploraremos ejemplos históricos de decisiones económicas que desafían la racionalidad.

Capítulo 3: Irracionalidad Económica nos llevará más allá al explorar los desafíos que enfrentamos al tratar de tomar decisiones económicas completamente racionales. A través de ejemplos del mundo real, examinaremos cómo la irracionalidad puede impactar tanto en el individuo como en la sociedad en su conjunto.

Capítulo 4: Sesgos Comunes en la Toma de Decisiones desglosará una serie de sesgos cognitivos comunes que afectan nuestras elecciones financieras. Te adentrarás en la psicología detrás de estos sesgos y aprenderás cómo identificarlos y mitigar su influencia en tus decisiones económicas.

Capítulo 5: Economía Conductual y Política Pública explorará cómo la economía del comportamiento se ha convertido en una herramienta poderosa para la formulación de políticas públicas, utilizando estrategias como los "nudges" y el paternalismo libertario para mejorar la toma de decisiones de las personas.

Capítulo 6: Comportamiento del Consumidor te mostrará cómo las empresas utilizan el conocimiento de la economía del comportamiento en el marketing y la publicidad, y cómo estas estrategias afectan tus elecciones como consumidor.

Capítulo 7: Ahorro, Inversión y Retiro examinará la psicología detrás del ahorro y la inversión, así como la planificación financiera a lo largo de la vida, abordando los desafíos en la jubilación y ofreciendo estrategias para un futuro financiero más seguro.

Capítulo 8: Futuro de la Economía del Comportamiento te llevará hacia adelante, explorando las tendencias emergentes en esta disciplina y reflexionando sobre su papel en un mundo en constante cambio.

A través de estas páginas, te invitamos a un emocionante viaje hacia la comprensión de cómo las personas toman decisiones económicas y cómo los factores psicológicos influyen en cada paso del camino. Descubrirás cómo reconocer y aprovechar mejor tu propio comportamiento económico, así como las implicaciones que esto tiene para nuestra sociedad y nuestro futuro financiero.

Prepárate para un profundo y revelador viaje en el mundo de la economía del comportamiento, donde la irracionalidad se encuentra con la economía para revelar las verdades ocultas detrás de nuestras decisiones económicas. ¡Comencemos nuestro viaje!

Capítulo 1: Fundamentos de la Economía del Comportamiento

Imagínate por un momento que tienes que tomar una decisión importante. Puede ser una elección financiera, como decidir en qué invertir tus ahorros, o una decisión más cotidiana, como elegir qué comer para el almuerzo. Ahora, considera esto: ¿tomarías esa decisión de manera completamente racional, sopesando cuidadosamente todas las opciones y evaluando los pros y los contras de cada una de ellas?

La respuesta podría sorprenderte, ya que la mayoría de nosotros, en la vida real, no siempre actuamos de manera puramente racional cuando se trata de tomar decisiones económicas. Nuestras elecciones financieras están a menudo influidas por una variedad de factores emocionales, cognitivos y sociales. Esta complejidad en nuestras decisiones económicas es lo que hace que la economía del comportamiento sea un campo de estudio tan fascinante y relevante en la actualidad.

La economía del comportamiento, en esencia, es un enfoque que busca comprender cómo las personas toman decisiones económicas en la vida real y cómo estos procesos de toma de decisiones a menudo difieren de lo que los modelos económicos tradicionales predicen. Durante mucho tiempo, la economía clásica se basó en la suposición de que los individuos son actores racionales que buscan maximizar su bienestar económico. Sin embargo, la realidad es mucho más compleja.

Este capítulo nos llevará a un emocionante viaje a través de los fundamentos de la economía del comportamiento. Exploraremos el origen de esta disciplina y las mentes visionarias que la hicieron posible. Descubriremos cómo conceptos psicológicos como la aversión a la pérdida, el anclaje y la disponibilidad influyen en nuestras decisiones económicas diarias. También analizaremos cómo la economía del comportamiento ha revolucionado la forma en que entendemos y abordamos cuestiones económicas en la sociedad moderna.

A medida que avanzamos en este capítulo, te invitamos a cuestionar tus propias decisiones económicas y a considerar cómo los principios de la economía del comportamiento pueden arrojar luz sobre tus elecciones financieras y tu comprensión del mundo que te rodea. Estamos a punto de adentrarnos en un fascinante mundo donde la irracionalidad se encuentra con la economía, y las verdades ocultas detrás de nuestras elecciones financieras se revelarán. ¿Estás listo para embarcarte en este apasionante viaje?

Definición y Origen de la Economía del Comportamiento

Para comprender plenamente la economía del comportamiento, es esencial comenzar con una definición sólida y explorar sus raíces históricas. En esta sección, desglosaremos lo que significa la economía del comportamiento y cómo ha evolucionado desde sus humildes comienzos hasta convertirse en un campo de estudio influyente en la economía moderna.

La Economía del Comportamiento en Breve

La economía del comportamiento se define como una rama de la economía que se centra en el estudio de cómo las personas toman decisiones económicas y cómo los factores psicológicos influyen en esas decisiones. En otras palabras, se adentra en el territorio donde la psicología y la economía se entrelazan, desafiando la suposición clásica de que los individuos siempre actúan de manera racional y buscan maximizar su bienestar económico.

Esta disciplina se aleja de la noción de que las personas son "homo economicus" perfectamente racionales, y reconoce que nuestras decisiones financieras a menudo se ven afectadas por sesgos cognitivos, emociones, heurísticas y otros factores que van más allá de la pura racionalidad. En esencia, la economía del comportamiento se esfuerza por entender cómo las personas toman decisiones en el mundo real, no en un mundo idealizado de agentes económicos perfectamente racionales.

Orígenes de la Economía del Comportamiento

El origen de la economía del comportamiento se remonta a la década de 1970, cuando dos psicólogos, Daniel Kahneman y Amos Tversky, comenzaron a cuestionar las suposiciones tradicionales de la economía clásica. Su trabajo pionero abrió la puerta a un nuevo paradigma de estudio que transformaría nuestra comprensión de la toma de decisiones económicas.

Kahneman y Tversky exploraron conceptos fundamentales, como la aversión a la pérdida, el anclaje y la disponibilidad, que revelaron cómo los seres humanos a menudo toman decisiones de manera no lineal y a menudo irracional. Sus investigaciones proporcionaron evidencia sólida de que, en la toma de decisiones económicas, las emociones y los sesgos cognitivos desempeñan un papel significativo.

Uno de los experimentos más conocidos de Kahneman y Tversky fue el "Problema del Marco Prospectivo", que puso de manifiesto cómo las personas valoran las pérdidas y las ganancias de manera asimétrica. Esta perspectiva influyó en su desarrollo de la "Teoría de las Perspectivas", que se ha convertido en una de las bases conceptuales más importantes de la economía del comportamiento.

El trabajo de Kahneman y Tversky no solo desafió la sabiduría convencional, sino que también inspiró a otros investigadores a explorar más a fondo la relación entre la psicología y la economía. Esta intersección dio lugar a un campo académico en rápido crecimiento y ha influido en una amplia variedad de campos, desde la política pública hasta la publicidad y la toma de decisiones empresariales.

En resumen, la economía del comportamiento es un campo apasionante que ha evolucionado desde las investigaciones pioneras de Kahneman y Tversky en la década de 1970 hasta convertirse en una disciplina influyente que desafía y enriquece nuestra comprensión de cómo las personas toman decisiones económicas en el mundo real. En los siguientes apartados de este capítulo, exploraremos en detalle las teorías, figuras influyentes y aplicaciones prácticas de esta disciplina, desvelando así los secretos detrás de nuestras decisiones financieras cotidianas.

Principales Teorías y Figuras Influyentes

La economía del comportamiento no solo se define por su interés en cómo las personas toman decisiones económicas, sino también por las teorías y las figuras influyentes que han dado forma a este campo y lo han llevado a nuevos horizontes. A continuación, exploraremos algunas de las teorías más destacadas y las mentes visionarias que han contribuido a la evolución de la economía del comportamiento.

La Perspectiva del Marco Prospectivo: Kahneman y Tversky

Si hay una teoría que destaque en el campo de la economía del comportamiento, es la "Perspectiva del Marco Prospectivo". Esta teoría, desarrollada por Daniel Kahneman y Amos Tversky en la década de 1970, cambió fundamentalmente nuestra comprensión de cómo valoramos las decisiones económicas.

La teoría sugiere que las personas no evalúan las pérdidas y las ganancias de manera simétrica. De hecho, tendemos a dar más peso a las pérdidas que a las ganancias equivalentes. Este fenómeno se conoce como "aversión a la pérdida". Por ejemplo, perder $100 nos duele más que ganar $100 nos hace sentir bien.

Kahneman y Tversky también introdujeron el concepto de "marco", que se refiere a cómo se presenta una decisión. La forma en que se presenta una elección puede influir en la decisión que tomamos. Por ejemplo, una decisión se puede presentar como una ganancia o como una pérdida, y esto puede tener un impacto significativo en cómo la evaluamos.

Heurísticas y Sesgos Cognitivos: La Influencia de Tversky y Kahneman

Otro aspecto importante del trabajo de Kahneman y Tversky es la identificación de las heurísticas y los sesgos cognitivos que influyen en nuestras decisiones económicas. Las heurísticas son atajos mentales que utilizamos para tomar decisiones rápidas y eficientes, pero que a menudo nos llevan a resultados sesgados o subóptimos.

Por ejemplo, el "sesgo de confirmación" nos lleva a buscar información que confirme nuestras creencias preexistentes, en lugar de buscar de manera imparcial evidencia contraria. El "efecto anclaje" nos hace depender excesivamente de la primera información que recibimos al tomar una decisión.

Estos hallazgos demostraron que las personas a menudo toman decisiones basadas en atajos mentales que pueden llevar a resultados irracionales desde una perspectiva puramente económica.

El Paternalismo Libertario: Richard Thaler

Richard Thaler, quien fue galardonado con el Premio Nobel de Economía en 2017, ha sido una figura influyente en la promoción de la economía del comportamiento y el concepto de "paternalismo libertario". Este enfoque reconoce que las personas no siempre toman decisiones en su mejor interés y aboga por intervenir de manera suave para ayudar a las personas a tomar elecciones que serían razonables si tuvieran un proceso de toma de decisiones más racional.

Una aplicación tangible de esta teoría son los "nudges", que son pequeños cambios en la presentación de opciones que pueden influir en nuestras elecciones sin restringir la libertad de elección. Por ejemplo, cambiar la forma en que se presenta un plan de ahorro para la jubilación puede alentar a las personas a ahorrar más sin obligarlas a hacerlo.

El Legado de las Figuras Influyentes

Estas figuras influyentes y sus teorías han transformado la forma en que entendemos y abordamos las decisiones económicas. Su trabajo ha demostrado que la toma de decisiones económicas es un proceso complejo y multifacético, donde la racionalidad perfecta rara vez es la norma. En lugar de ver a las personas como actores completamente racionales, la economía del comportamiento nos invita a reconocer y comprender los sesgos y las emociones que influyen en nuestras elecciones financieras cotidianas.

A medida que exploramos más a fondo los cimientos de la economía del comportamiento en los próximos capítulos, veremos cómo estas teorías y figuras influyentes continúan influyendo en la investigación y la aplicación práctica de este emocionante campo de estudio.

Importancia en la Economía Moderna

La economía del comportamiento ha emergido como una disciplina esencial en la economía moderna debido a su profundo impacto en la toma de decisiones económicas, la formulación de políticas y la comprensión de los mercados. En esta sección, exploraremos la creciente relevancia de la economía del comportamiento en el mundo actual y cómo ha transformado la manera en que abordamos una amplia gama de cuestiones económicas.

Influencia en la Formulación de Políticas Públicas

Uno de los campos donde la economía del comportamiento ha tenido un impacto significativo es en la formulación de políticas públicas. Reconociendo que las personas a menudo toman decisiones impulsivas o no racionales, los responsables de la formulación de políticas han comenzado a utilizar estrategias basadas en la economía del comportamiento para ayudar a las personas a tomar decisiones que sean beneficiosas para ellas y para la sociedad en su conjunto.

Un ejemplo destacado de esto es el concepto de "nudges" (empujones). Los nudges son pequeñas intervenciones diseñadas para influir en el comportamiento de las personas de

18

manera sutil, sin restringir su libertad de elección. Estas intervenciones pueden aplicarse en una variedad de contextos, desde la promoción de elecciones alimentarias más saludables hasta el estímulo del ahorro para la jubilación. Los nudges aprovechan los sesgos cognitivos y las heurísticas para dirigir a las personas hacia decisiones que les beneficien.

Impacto en la Salud Pública

La economía del comportamiento también ha tenido un impacto significativo en la salud pública. La comprensión de cómo las personas toman decisiones relacionadas con su salud ha llevado a la implementación de estrategias efectivas para fomentar comportamientos saludables.

Por ejemplo, los nudges se han utilizado para alentar la elección de alimentos más saludables en entornos escolares y para promover la participación en programas de prevención médica. Al comprender los sesgos que afectan nuestras elecciones de estilo de vida, como la procrastinación o la falta de autocontrol, los responsables de la salud pública pueden diseñar intervenciones que ayuden a las personas a tomar decisiones más saludables de manera más consistente.

Aplicaciones en el Mundo Empresarial

En el mundo empresarial, las empresas han adoptado la economía del comportamiento para comprender mejor a sus clientes y mejorar sus estrategias de marketing. Reconocen que las decisiones de compra están influenciadas por una serie de factores emocionales y cognitivos, y han ajustado sus enfoques en consecuencia.

La psicología del consumidor desempeña un papel crucial en la comercialización y la publicidad. Comprender cómo los consumidores perciben los productos, cómo se sienten al tomar decisiones de compra y cómo se ven afectados por los precios y las promociones es esencial para el éxito en el mercado actual.

Impacto en la Educación y la Planificación Financiera

La economía del comportamiento también ha influido en la educación financiera y la planificación para el futuro. Ayuda a las personas a comprender por qué a menudo postergamos el ahorro o tomamos decisiones financieras impulsivas. Al reconocer los sesgos cognitivos que nos llevan a tomar decisiones subóptimas, podemos mejorar nuestra planificación financiera y garantizar un futuro económico más seguro.

En resumen, la economía del comportamiento ha demostrado ser esencial en la economía moderna, transformando la forma en que abordamos la toma de decisiones económicas, la formulación de políticas públicas y la interacción en los mercados. Su influencia se extiende desde la política de salud pública hasta el mundo empresarial y la educación financiera. A medida que avanzamos en este libro, exploraremos más ejemplos concretos de cómo la economía del comportamiento se ha convertido en una fuerza motriz en la economía contemporánea y cómo podemos aplicar estos conocimientos en nuestras propias vidas.

Los Cimientos Psicológicos

La economía del comportamiento, como su nombre lo indica, se apoya en una sólida base psicológica para comprender cómo tomamos decisiones económicas en la vida cotidiana. A lo largo de esta sección, exploraremos conceptos psicológicos clave que subyacen en nuestras elecciones financieras y que han sido fundamentales para el desarrollo de este campo de estudio.

Aversión a la Pérdida

Uno de los conceptos psicológicos más influyentes en la economía del comportamiento es la "aversión a la pérdida". Este principio, propuesto por Kahneman y Tversky, sostiene que las personas valoran las pérdidas más que las ganancias equivalentes. En otras palabras, el dolor de perder $100 es mayor que la satisfacción de ganar $100.

Esta aversión a la pérdida tiene un impacto profundo en nuestras decisiones financieras. Nos hace más cautelosos a la hora de asumir riesgos y nos lleva a tomar decisiones que eviten las pérdidas a menudo a expensas de maximizar las ganancias. Por ejemplo, es posible que vendamos una inversión ganadora demasiado pronto por miedo a perder las ganancias acumuladas.

El Efecto Anclaje

Otro concepto psicológico que influye en nuestras decisiones económicas es el "efecto anclaje". Este efecto se manifiesta cuando nuestras decisiones están fuertemente influenciadas por la primera información que recibimos o por un "ancla" que se nos presenta, incluso si esa información es irrelevante o poco fiable.

Por ejemplo, si se nos presenta un producto con un precio inicialmente alto y luego se nos ofrece un descuento, es probable que percibamos el descuento como una oferta atractiva, a pesar de que el precio de base podría haber sido arbitrariamente alto. Este efecto puede llevarnos a tomar decisiones de compra basadas en el precio de referencia inicial, en lugar de evaluar objetivamente el valor del producto.

La Disponibilidad y la Heurística de Disponibilidad

La "disponibilidad" es un concepto que se refiere a la tendencia de las personas a evaluar la probabilidad de un evento basándose en la facilidad con la que pueden recordar ejemplos o instancias de ese evento. Cuando recordamos con facilidad ejemplos de un evento, tendemos a percibirlo como más probable o significativo de lo que realmente es.

Esta heurística de disponibilidad puede influir en nuestras decisiones financieras de varias maneras. Por ejemplo, si hemos escuchado recientemente noticias alarmantes sobre el mercado de valores o la economía en general, es posible que seamos más cautelosos a la hora de invertir, incluso si las circunstancias actuales son diferentes de las que se informaron.

El Efecto de Marco y la Teoría de la Perspectiva

El "efecto de marco" es otro principio psicológico fundamental en la economía del comportamiento. Refleja cómo la forma en que se presenta una decisión puede influir en la elección que hacemos. Las decisiones pueden presentarse de manera positiva (como ganancias) o negativa (como pérdidas), y esta presentación puede cambiar significativamente cómo evaluamos y tomamos decisiones.

La "Teoría de la Perspectiva", desarrollada por Kahneman y Tversky, explora cómo las personas valoran las pérdidas y las ganancias en diferentes contextos. Por ejemplo, la mayoría de las personas tiende a ser más aversa a la pérdida cuando se trata de ganancias potenciales que cuando se trata de pérdidas potenciales. Esta perspectiva ha tenido un impacto profundo en la forma en que diseñamos estrategias de inversión y planificamos nuestras finanzas personales.

Estos son solo algunos ejemplos de los cimientos psicológicos que sustentan la economía del comportamiento. A medida que avanzamos en este libro, exploraremos más conceptos y teorías psicológicas clave que nos ayudarán a comprender por qué a veces tomamos decisiones económicas que pueden parecer contraproducentes desde una perspectiva puramente lógica.

Capítulo 2: Modelos de Toma de Decisiones

En el capítulo anterior, exploramos los fundamentos de la economía del comportamiento y cómo la psicología desempeña un papel fundamental en nuestras decisiones económicas. Ahora, en el Capítulo 2, daremos un paso más allá y nos sumergiremos en los "Modelos de Toma de Decisiones". Estos modelos son herramientas esenciales para entender y predecir cómo las personas toman decisiones en una variedad de contextos económicos, y representan una intersección fascinante entre la teoría económica tradicional y los insights de la psicología.

Imagina que te enfrentas a una decisión importante en tu vida, ya sea relacionada con tus finanzas, tu carrera, tu salud o cualquier otro aspecto crucial. ¿Cómo llegas a esa decisión? ¿Qué factores consideras y cómo los ponderas? Estas son preguntas que nos hacemos todos los días. Los modelos de toma de decisiones nos ofrecen un marco conceptual para entender cómo las personas evalúan información, asignan valor a las opciones y finalmente eligen un curso de acción.

Los modelos de toma de decisiones son como mapas que nos ayudan a navegar por el complejo proceso de tomar elecciones, que a menudo involucra un equilibrio delicado entre la racionalidad y las emociones. A través de estas herramientas analíticas, podemos desglosar la complejidad de la toma de decisiones en sus componentes esenciales y comprender mejor por qué actuamos de la manera en que lo hacemos.

En este capítulo, exploraremos una serie de modelos de toma de decisiones que han sido desarrollados y refinados a lo largo de décadas por economistas, psicólogos y expertos en comportamiento. A medida que avanzamos, descubrirás cómo estos modelos explican y, en ocasiones, predicen nuestras elecciones económicas. Observaremos tanto la toma de decisiones que se alinea con la racionalidad económica clásica como aquella que se desvía debido a sesgos cognitivos y emocionales.

Desde el modelo de toma de decisiones clásico basado en la maximización de la utilidad hasta los enfoques más contemporáneos que incorporan la economía del comportamiento, nos aventuraremos en un emocionante viaje a través de la teoría y la práctica de la toma de decisiones económicas. A medida que avanzamos en este capítulo, no solo habrás ampliado tu comprensión de cómo tomamos decisiones, sino que también estarás mejor equipado para aplicar estos conocimientos en tu vida cotidiana y en el análisis de cuestiones económicas más amplias.

Así que, sin más preámbulos, empecemos a desentrañar los modelos de toma de decisiones y a descubrir cómo dan forma a nuestras elecciones económicas en el mundo real. A medida que lo hagamos, te animamos a reflexionar sobre tus propias decisiones y a considerar cómo estos modelos pueden proporcionarte una lente valiosa para analizar y mejorar tus elecciones financieras y personales.

Modelos Tradicionales vs. Modelos de Comportamiento

Una cuestión fundamental que debemos abordar en este capítulo es la distinción entre los modelos tradicionales de toma de decisiones económicas y los modelos basados en el comportamiento. Esta distinción es crucial para comprender cómo ha evolucionado la economía y cómo la psicología ha desempeñado un papel cada vez más importante en la comprensión de nuestras elecciones financieras y económicas.

Modelos Tradicionales de Toma de Decisiones

Los modelos tradicionales de toma de decisiones económicas se basan en la suposición de que las personas son actores racionales que buscan maximizar su bienestar económico. Estos modelos asumen que las personas tienen información perfecta, procesan esta información de manera lógica y eligen la opción que les proporciona la máxima utilidad o beneficio.

Un ejemplo clásico de un modelo tradicional es el "Homo Economicus". Este concepto representa a un individuo perfectamente racional que toma decisiones en función de una evaluación fría y lógica de costos y beneficios. Sin embargo, en la práctica, rara vez nos comportamos de esta manera en nuestras vidas cotidianas.

Modelos de Comportamiento

Los modelos de comportamiento, por otro lado, reconocen que las personas a menudo toman decisiones que no se ajustan al ideal del Homo Economicus. Estos modelos se basan en insights de la psicología y la economía del comportamiento para entender cómo las emociones, los sesgos cognitivos y las heurísticas influyen en nuestras elecciones.

Por ejemplo, un modelo de comportamiento puede considerar cómo la aversión a la pérdida afecta nuestras decisiones financieras. Si estamos a punto de perder dinero en una inversión, es posible que tomemos decisiones impulsivas para evitar esa pérdida, incluso si una evaluación puramente lógica nos sugeriría mantener la inversión.

La Integración de Ambos Modelos

Es importante destacar que la economía del comportamiento no descarta por completo los modelos tradicionales, sino que busca enriquecerlos y complementarlos. Los modelos de comportamiento reconocen que las personas pueden ser racionales en ciertas situaciones, pero también pueden ser influenciadas por sesgos y emociones en otros contextos.

La síntesis de estos dos enfoques, a veces denominada "economía conductual", ha llevado a un entendimiento más completo de la toma de decisiones económicas. Reconoce que las personas pueden ser racionales en ciertas circunstancias y no racionales en otras, y busca comprender cuándo y por qué ocurren estas variaciones en el comportamiento.

En este capítulo, exploraremos tanto los modelos tradicionales como los modelos de comportamiento, analizando sus ventajas y limitaciones. Al hacerlo, obtendremos una visión más completa de cómo las personas toman decisiones en el mundo real y cómo podemos aplicar estos conocimientos para mejorar nuestras elecciones económicas y comprender mejor la dinámica económica en la sociedad.

Sesgos Cognitivos y Heurísticas

Una de las áreas más intrigantes y esclarecedoras de la economía del comportamiento es la identificación y comprensión de los sesgos cognitivos y las heurísticas que influyen en nuestras decisiones económicas. Estos atajos mentales y patrones de pensamiento a menudo desvían nuestras elecciones de la racionalidad económica pura y pueden llevarnos a tomar decisiones subóptimas o irracionales.

Sesgos Cognitivos: Influencia Invisible

Los sesgos cognitivos son errores sistemáticos en el procesamiento de información que pueden sesgar nuestras decisiones. Uno de los sesgos más estudiados es el "sesgo de confirmación", que nos lleva a buscar y dar más peso a la información que confirma nuestras creencias preexistentes, mientras descartamos o minimizamos la información que entra en conflicto con esas creencias. Esto puede llevar a una toma de decisiones selectiva y a la falta de consideración de puntos de vista alternativos.

Otro sesgo importante es el "sesgo de disponibilidad", que se manifiesta cuando tendemos a dar más peso a la información que está fácilmente disponible en nuestra memoria. Si hemos escuchado recientemente sobre un evento específico, podemos sobreestimar su probabilidad o importancia, lo que afecta nuestras elecciones económicas y financieras.

Heurísticas: Atajos Mentales en la Toma de Decisiones

Las heurísticas son atajos mentales o reglas prácticas que utilizamos para tomar decisiones rápidas y eficientes. Aunque pueden ser útiles en situaciones cotidianas, también pueden llevar a sesgos sistemáticos en la toma de decisiones económicas.

Por ejemplo, la "heurística de representatividad" nos lleva a juzgar la probabilidad de un evento en función de cuánto se parece a los ejemplos que conocemos. Esto puede llevar a estimaciones incorrectas, ya que a menudo no tenemos en cuenta la base de datos completa de posibilidades.

Otra heurística importante es el "efecto anclaje", que se manifiesta cuando nuestras decisiones se ven influenciadas por la primera información que recibimos, incluso si esa información es irrelevante. Si comenzamos con un número inicial (un "ancla"), tendemos a ajustar nuestras estimaciones en función de ese número, lo que puede llevar a decisiones sesgadas.

Impacto en las Decisiones Económicas

Estos sesgos cognitivos y heurísticas tienen un impacto significativo en nuestras decisiones económicas. Pueden llevarnos a tomar decisiones impulsivas, subestimar riesgos o sobrevalorar recompensas, y desviarnos de una toma de decisiones puramente racional.

Por ejemplo, en el contexto de las inversiones, el "sesgo de aversión a la pérdida" puede llevar a los inversores a vender acciones en pánico durante una caída del mercado, en lugar de mantener su inversión a largo plazo. Del mismo modo, el "efecto anclaje" puede influir en nuestras percepciones de los precios y hacernos menos propensos a aprovechar oportunidades de inversión.

A medida que avanzamos en este capítulo, exploraremos ejemplos concretos de cómo estos sesgos y heurísticas pueden afectar nuestras decisiones económicas y financieras. Al comprender estos patrones de pensamiento y reconocer su influencia en nuestras elecciones, podemos tomar decisiones más informadas y tomar medidas para evitar los sesgos cognitivos que podrían llevarnos por un camino equivocado en nuestras decisiones económicas.

La Influencia Profunda de la Psicología en la Toma de Decisiones Económicas

La economía del comportamiento, como hemos explorado en este capítulo, se basa en una premisa fundamental: las personas no siempre toman decisiones económicas de manera completamente racional. De hecho, nuestras decisiones económicas están influenciadas por una multitud de factores psicológicos que van mucho más allá de la mera racionalidad. En esta sección, profundizaremos en cómo la psicología ejerce una influencia profunda en nuestras elecciones económicas y cómo esto ha dado lugar a un campo de estudio dinámico y en constante evolución.

Las Emociones y su Impacto

Las emociones desempeñan un papel destacado en nuestra toma de decisiones económicas. La aversión a la pérdida, el miedo, la codicia y la euforia son solo algunas de las emociones que pueden influir en cómo gestionamos nuestro dinero. Por ejemplo, durante un mercado alcista, la euforia puede llevar a las personas a invertir impulsivamente en acciones sin una evaluación cuidadosa de los riesgos. En contraste, durante una recesión, el miedo puede llevar a la venta precipitada de inversiones, incluso cuando una estrategia de inversión a largo plazo podría ser más sensata.

Las emociones pueden ser tan poderosas que pueden nublar nuestro juicio y llevarnos a tomar decisiones económicas impulsivas o basadas en el miedo. Reconocer cómo las emociones influyen en nuestras elecciones es el primer paso para tomar decisiones financieras más informadas y resilientes emocionalmente.

Cognición y Sesgos Cognitivos

La cognición, o el proceso de adquisición, almacenamiento y uso de información, es otro aspecto crítico de la toma de decisiones económicas. Nuestros sesgos cognitivos, como la confirmación (buscar información que confirme nuestras creencias preexistentes) y el anclaje (dar un valor excesivo a la primera información que recibimos), pueden distorsionar nuestra percepción de las opciones disponibles y afectar nuestras elecciones.

La teoría de la perspectiva, desarrollada por Kahneman y Tversky, se centra en cómo evaluamos las ganancias y las pérdidas y cómo esta evaluación puede variar según el marco en el que se presente una decisión. Esta perspectiva arroja luz sobre por qué a menudo valoramos las pérdidas más que las ganancias equivalentes, lo que puede influir en nuestras elecciones de inversión y gasto.

Presiones Sociales y Normas Sociales

Nuestra toma de decisiones económicas también está influenciada por las presiones sociales y las normas sociales. A menudo, nuestras elecciones están condicionadas por el deseo de encajar en nuestra comunidad, satisfacer las expectativas de nuestra familia o grupo social, o seguir las normas culturales. Esto puede afectar nuestras decisiones de consumo, inversión y ahorro.

Por ejemplo, si vivimos en una cultura que valora el consumo ostentoso, es más probable que nos sintamos presionados para gastar en elementos de estatus, incluso si esto no se alinea con nuestros objetivos financieros a largo plazo. Del mismo modo, las presiones sociales pueden influir en cómo gestionamos nuestras finanzas y si nos sentimos cómodos hablando abiertamente sobre dinero con amigos y familiares.

La Economía del Comportamiento como Herramienta de Análisis y Mejora

A pesar de que la psicología puede desviar nuestras decisiones económicas de la racionalidad pura, también puede ser una herramienta poderosa para el análisis y la mejora. La economía del comportamiento nos brinda la oportunidad de comprender cómo funcionan estos factores psicológicos y cómo podemos tomar decisiones más informadas y racionales.

A medida que continuemos explorando ejemplos concretos en las secciones siguientes de este capítulo, veremos cómo la psicología influye en una variedad de situaciones económicas, desde la inversión y el gasto hasta la planificación financiera y la toma de riesgos. Al reconocer y comprender estos influjos psicológicos, estamos mejor preparados para tomar decisiones económicas más alineadas con nuestros objetivos financieros y personales, y para comprender mejor la dinámica económica en la sociedad en su conjunto. La economía del comportamiento nos invita a explorar el complejo mundo de la mente humana y a aplicar este conocimiento en beneficio de nuestras vidas financieras y económicas.

Ejemplos Históricos de Decisiones Económicas

Para ilustrar de manera más completa cómo los modelos de toma de decisiones y la economía del comportamiento se aplican en la vida real, es valioso examinar ejemplos históricos emblemáticos que revelan la intrincada interacción entre la psicología y la economía.

La Burbuja de los Tulipanes en los Países Bajos del Siglo XVII

En el siglo XVII, los Países Bajos experimentaron un fenómeno económico notable conocido como la "Burbuja de los Tulipanes". Durante este período, los precios de los bulbos de tulipán alcanzaron niveles astronómicos debido a la especulación desenfrenada. La euforia colectiva y la codicia jugaron un papel central en esta burbuja, ya que las personas compraban bulbos de tulipán a precios exorbitantes con la esperanza de venderlos a precios aún más altos en el futuro. Esta especulación irracional finalmente resultó en pérdidas financieras devastadoras para muchos inversores.

Este episodio histórico ilustra de manera vívida cómo las emociones humanas, como la codicia y la euforia, pueden impulsar decisiones económicas irracionales y llevar a la creación de burbujas especulativas que inevitablemente colapsan.

La Crisis Financiera de 2008 a Escala Global

La crisis financiera de 2008 es un ejemplo contemporáneo de cómo los sesgos cognitivos y la aversión a la pérdida pueden influir en las decisiones económicas a gran escala. Durante este período, muchas instituciones financieras asumieron riesgos excesivos al invertir en activos respaldados por hipotecas de alto riesgo. La sobreconfianza y la falta de una evaluación adecuada de riesgos contribuyeron al colapso del mercado crediticio.

Además, la aversión a la pérdida desempeñó un papel importante cuando los inversores y los bancos reaccionaron con miedo y vendieron activos en gran cantidad, lo que exacerbó la crisis. Esta crisis financiera global ejemplifica cómo los sesgos cognitivos y las emociones pueden tener consecuencias significativas en el sistema financiero y económico en todo el mundo.

La Revolución Industrial en el Reino Unido del Siglo XVIII y XIX

La Revolución Industrial en el Reino Unido es un ejemplo histórico que resalta cómo las decisiones económicas y la innovación tecnológica pueden transformar una sociedad. La adopción de nuevas tecnologías y la inversión en la industrialización cambiaron radicalmente la economía británica, dando lugar a un mundo industrializado.

Sin embargo, esta transformación también tuvo implicaciones sociales y psicológicas. Los trabajadores a menudo enfrentaron condiciones laborales difíciles y una gran inseguridad en el empleo. La adopción de nuevas tecnologías y la reorganización económica llevaron a tensiones sociales y a una adaptación gradual a un nuevo mundo industrializado.

Estos ejemplos históricos ilustran cómo las decisiones económicas a lo largo de la historia han estado influidas por una compleja interacción de factores económicos, psicológicos y sociales. La economía del comportamiento nos brinda una lente valiosa para comprender estas dinámicas y aplicar este conocimiento en la toma de decisiones más informadas y sostenibles en el mundo contemporáneo.

La Fiebre del Oro de California en el Siglo XIX

La Fiebre del Oro de California en la década de 1840 es otro ejemplo histórico que arroja luz sobre la psicología de la toma de decisiones económicas. Cuando se descubrió oro en California, miles de personas acudieron en busca de fortuna, en un evento que marcó la historia de Estados Unidos.

La codicia y la esperanza de obtener riqueza rápidamente llevaron a que muchos individuos abandonaran sus hogares y empleos para buscar oro en el oeste. Esta fiebre del oro generó una competencia feroz y a veces peligrosa por los recursos, y muchas personas se enfrentaron a duras condiciones de vida en la búsqueda de oro.

Este episodio histórico subraya cómo las emociones, en particular la codicia y la esperanza, pueden desencadenar decisiones económicas significativas, incluso cuando los riesgos y las incertidumbres son altos. La gente estaba dispuesta a invertir tiempo y esfuerzo significativos con la esperanza de encontrar una fortuna, a pesar de que las probabilidades de éxito eran en su mayoría desfavorables.

La Fiebre del Oro de California es un recordatorio de cómo la psicología humana puede influir en las decisiones económicas en situaciones extraordinarias y desafiantes. Al comprender estas dinámicas, podemos aplicar lecciones importantes a la toma de decisiones económicas más contemporáneas y afrontar los desafíos financieros y emocionales que puedan surgir en nuestras vidas.

42

Capítulo 3: Irracionalidad Económica

En los capítulos anteriores, exploramos la economía del comportamiento y cómo las emociones, los sesgos cognitivos y la psicología influyen en nuestras decisiones económicas. Ahora, en el Capítulo 3, nos adentraremos en un terreno fascinante y a menudo desconcertante: la "Irracionalidad Económica". Este concepto desafía la suposición tradicional de que las personas siempre toman decisiones económicas de manera racional y lógica, y en su lugar, nos invita a examinar cómo a menudo actuamos en contra de nuestros propios intereses económicos.

Imagina que tienes la oportunidad de ganar un premio en efectivo, pero optas por no participar debido a un pequeño costo de entrada. O considera el hecho de que a menudo gastamos dinero en compras impulsivas que sabemos que no necesitamos, o que vendemos acciones en el mercado cuando están en declive, solo para comprarlas nuevamente cuando están al alza. Estos son solo algunos ejemplos de las decisiones económicas aparentemente irracionales que las personas toman con regularidad.

En este capítulo, exploraremos en profundidad la idea de la irracionalidad económica, analizando cómo y por qué tomamos decisiones que parecen contradecir los principios económicos tradicionales. Examinaremos conceptos clave como la aversión a las pérdidas, la procrastinación, la falta de autocontrol y cómo estos factores a menudo nos llevan a tomar decisiones subóptimas desde una perspectiva económica.

Además, exploraremos la teoría de la elección intertemporal, que aborda cómo valoramos las recompensas en el presente en comparación con el futuro, y cómo esta valoración influye en nuestras decisiones de ahorro, inversión y gasto. También consideraremos cómo los sesgos cognitivos, como la falta de atención y la sobrevaloración de las recompensas inmediatas, pueden llevarnos a tomar decisiones financieras impulsivas.

A medida que avanzamos en este capítulo, te invitamos a reflexionar sobre tus propias decisiones económicas y a considerar cómo la irracionalidad económica puede manifestarse en tu vida. A través de esta exploración, no solo entenderás mejor por qué a menudo actuamos de manera contraria a nuestros intereses económicos, sino que también aprenderás estrategias para mitigar estos comportamientos y tomar decisiones más informadas y alineadas con tus objetivos financieros y personales. La irracionalidad económica es un aspecto fundamental de la economía del comportamiento, y explorarla nos brinda una visión más completa y realista de cómo funcionamos como tomadores de decisiones económicas en el mundo real. ¡Comencemos este viaje hacia la comprensión de la irracionalidad económica!

Los Desafíos de la Toma de Decisiones Racionales

La toma de decisiones económicas racionales es un ideal arraigado en la teoría económica tradicional, que supone que los individuos actúan de manera lógica para maximizar su bienestar financiero. Sin embargo, la vida real está llena de complejidades y obstáculos que a menudo nos llevan a tomar decisiones económicas que parecen contradecir este ideal. En esta sección, exploraremos algunos de los desafíos más prominentes que enfrentamos al intentar tomar decisiones económicas racionales.

Aversión a las Pérdidas y Toma de Riesgos

Una de las barreras más destacadas para la toma de decisiones económicas racionales es la aversión a las pérdidas. Esta aversión, respaldada por investigaciones en economía del comportamiento, indica que la mayoría de las personas valoran más la pérdida de algo que ya poseen que la ganancia equivalente de algo nuevo. En otras palabras, tememos más perder lo que tenemos que ganar algo adicional.

Esta aversión a las pérdidas a menudo nos lleva a evitar riesgos, incluso cuando las oportunidades de ganancia son atractivas. Por ejemplo, podríamos ser reacios a invertir en el mercado de valores, incluso cuando la evidencia sugiere que a largo plazo es probable que sea rentable, debido al miedo a perder dinero en una caída del mercado.

Procrastinación y Falta de Autocontrol

La procrastinación y la falta de autocontrol también pueden ser obstáculos para tomar decisiones económicas racionales. Postergamos decisiones financieras importantes, como ahorrar para la jubilación o elaborar un presupuesto, a favor de recompensas inmediatas. Este comportamiento refleja nuestra lucha por equilibrar las gratificaciones a corto plazo con los objetivos financieros a largo plazo.

La falta de autocontrol también se manifiesta en decisiones impulsivas de gasto, como comprar artículos innecesarios o acumular deudas de tarjetas de crédito. Estos comportamientos pueden resultar en dificultades financieras a largo plazo.

Sobrevaloración de las Recompensas Inmediatas

Otro desafío importante es nuestra tendencia a sobrevalorar las recompensas inmediatas en comparación con las recompensas futuras. Damos más peso a la satisfacción inmediata en lugar de considerar el valor a largo plazo. Esto puede llevar a decisiones impulsivas de gasto y ahorro insuficiente para metas financieras a largo plazo, como la jubilación o la educación de los hijos.

Influencias Sociales y Normas Sociales

Las influencias sociales y las normas sociales también desempeñan un papel en nuestros desafíos para tomar decisiones económicas racionales. La presión de ajustarse a los estándares de consumo y estilo de vida de nuestro entorno social puede llevarnos a gastar en bienes y servicios que no se alinean con nuestras necesidades o metas financieras a largo plazo. Además, la influencia de la publicidad y el marketing puede llevarnos a decisiones impulsivas de gasto que no están en línea con nuestras prioridades financieras.

Sesgos Cognitivos y Falta de Información

Los sesgos cognitivos, como la falta de atención o la influencia de información irrelevante, pueden nublar nuestro juicio y dificultar la toma de decisiones racionales. A veces, procesamos información de manera selectiva o nos aferramos a ideas preconcebidas, lo que puede llevar a decisiones económicas subóptimas.

Estos desafíos representan solo una parte de la compleja interacción entre la psicología y la economía en la toma de decisiones. Reconocer estos obstáculos es un paso fundamental para superarlos y tomar decisiones económicas más informadas y alineadas con nuestros objetivos financieros y personales a largo plazo. En las siguientes secciones de este capítulo, exploraremos estrategias y enfoques para abordar estos desafíos y mejorar nuestras decisiones económicas en un mundo donde la irracionalidad a menudo está presente.

Ejemplos de Comportamiento Irracional en la Economía

La irracionalidad económica se manifiesta de manera diversa en nuestras decisiones financieras cotidianas, revelando la compleja interacción entre la psicología y la economía. A continuación, exploraremos ejemplos concretos de comportamiento irracional en la economía, destacando cómo las emociones y los sesgos cognitivos pueden influir en nuestras elecciones financieras.

Compra de Lotería:

Uno de los ejemplos más ilustrativos es la compra de boletos de lotería. A pesar de que las probabilidades de ganar son extremadamente bajas, muchas personas destinan una parte de sus ingresos a la lotería con la esperanza de obtener un premio grande. Este comportamiento irracional se atribuye en parte a la sobrevaloración de las recompensas potenciales y la emoción que rodea a la lotería, a pesar de que desde una perspectiva económica, es una inversión poco sensata.

Compras Impulsivas:

Las compras impulsivas representan otro patrón común de comportamiento irracional. Cuando nos dejamos llevar por el impulso de comprar algo sin una evaluación cuidadosa, a menudo terminamos gastando dinero en cosas que no necesitamos o que no están dentro de nuestro presupuesto. Esta tendencia se debe a la inclinación humana a valorar la gratificación inmediata sobre la planificación financiera a largo plazo.

Venta en Pánico en el Mercado de Valores:

Durante periodos de volatilidad en el mercado de valores, como las caídas repentinas, muchas personas reaccionan vendiendo sus inversiones en un acto de pánico. Esta respuesta emocional suele resultar en pérdidas financieras significativas, ya que las ventas ocurren cuando los precios están en declive y las oportunidades de recuperación posterior se pasan por alto. La aversión a las pérdidas y la falta de confianza en el mercado suelen estar detrás de este comportamiento irracional.

Falta de Diversificación de la Cartera de Inversiones:

La falta de diversificación en una cartera de inversiones es otro ejemplo de comportamiento irracional en el ámbito financiero. Al concentrar todas las inversiones en un solo activo o sector, los inversores asumen un riesgo significativamente mayor. Esto a menudo se debe a la falta de comprensión de la importancia de la diversificación y a la tendencia a seguir la sabiduría convencional o el consejo de amigos y familiares en lugar de buscar una estrategia de inversión más sensata.

Uso Irresponsable de Tarjetas de Crédito:

El uso irresponsable de tarjetas de crédito es otro ejemplo de comportamiento irracional. Si bien las tarjetas de crédito ofrecen acceso inmediato a crédito, su uso sin precaución puede llevar a una acumulación insostenible de deudas. Muchas personas gastan en tarjetas de crédito sin una planificación adecuada y terminan pagando intereses significativos en sus deudas, lo que contradice sus intereses financieros a largo plazo.

Estos ejemplos ilustran cómo la irracionalidad económica puede influir en una variedad de decisiones financieras en nuestra vida cotidiana. La economía del comportamiento nos ofrece una perspectiva valiosa para comprender por qué tomamos estas decisiones y cómo podemos mitigar los efectos perjudiciales de la irracionalidad en nuestras finanzas personales. En las siguientes secciones de este capítulo, exploraremos estrategias y enfoques para abordar estos comportamientos irracionales y tomar decisiones financieras más informadas y alineadas con nuestros objetivos a largo plazo.

Impacto en el Mercado y la Sociedad: Un Análisis Profundo

Al igual que en el Capítulo 1, donde nos sumergimos en los Fundamentos de la Economía del Comportamiento, en este

Capítulo 3, vamos a profundizar en el tema del Impacto en el Mercado y la Sociedad de los comportamientos económicos irracionales. Aquí, nuestro objetivo es no solo comprender las decisiones individuales desde una perspectiva psicológica, sino también explorar en detalle las consecuencias más amplias y profundas que estas decisiones pueden tener en los mercados financieros y en la sociedad en general.

Un Vistazo Detallado a la Volatilidad del Mercado:

La irracionalidad económica ejerce una influencia palpable en la volatilidad del mercado financiero. Cuando los inversores toman decisiones basadas en emociones en lugar de en un análisis lógico de datos fundamentales, los precios de las acciones y otros activos pueden experimentar oscilaciones erráticas y desproporcionadas. Esta volatilidad no solo afecta a los inversores individuales, sino que también tiene ramificaciones sistémicas que pueden influir en la estabilidad general del mercado y, en última instancia, en la economía en su conjunto.

Burbujas y Colapsos del Mercado:

Los episodios de burbujas especulativas son un fenómeno intrigante y, a menudo, perjudicial, donde los precios de activos, como bienes raíces o acciones, se inflan excesivamente debido a la irracionalidad colectiva. Estas burbujas pueden inflarse durante períodos prolongados antes de culminar en colapsos abruptos y devastadores que resultan en pérdidas masivas de riqueza y daño económico generalizado. Ejemplos históricos como la fiebre de las puntocom en la década de 1990 y la crisis financiera de 2008 son recordatorios notorios de cómo los comportamientos irracionales pueden tener un impacto de largo alcance en la economía global.

Comportamiento de Manada y sus Consecuencias Amplificadas:

La tendencia a seguir el comportamiento de la manada, donde las personas toman decisiones en función de lo que hacen otros, sin realizar un análisis independiente, puede amplificar los movimientos extremos del mercado. Esta dinámica puede llevar a una espiral de ventas o compras, lo que afecta no solo a los inversores individuales, sino también a la estabilidad general de los mercados y a la toma de decisiones financieras a nivel sistémico.

Impacto en la Política Económica:

La irracionalidad económica también puede extender su influencia a la formulación de políticas económicas. Los políticos, al ser seres humanos, a menudo responden a las emociones y percepciones públicas en lugar de basar sus decisiones en un análisis racional de costo-beneficio. Esta dinámica puede dar lugar a políticas económicas que no están respaldadas por una evaluación objetiva de sus implicaciones económicas a largo plazo. Como resultado, las políticas pueden no estar alineadas con el interés económico general.

Desigualdad Económica y sus Raíces Irracionales:

La irracionalidad económica también puede contribuir a la desigualdad económica. Aquellas personas que poseen un mayor autocontrol y habilidades financieras pueden tomar decisiones más racionales y, en consecuencia, aprovechar mejor las oportunidades de inversión. Por otro lado, aquellos que caen en trampas de deuda o gastan impulsivamente pueden enfrentar dificultades económicas significativas, lo que puede ampliar la brecha entre los sectores de la sociedad.

Costos Sociales de las Decisiones Irracionales:

Finalmente, la irracionalidad económica tiene un costo social que no debe subestimarse. Las personas que toman decisiones económicas irracionales a menudo enfrentan dificultades financieras, estrés y problemas de salud relacionados con la deuda o la falta de ahorro. Estos problemas no solo afectan a los individuos, sino que también pueden aumentar la carga en los sistemas de asistencia social y atención médica, lo que tiene un impacto directo en la sociedad en su conjunto.

En esta sección, hemos realizado un análisis profundo del impacto de la irracionalidad económica en el mercado y la sociedad. Como puedes ver, esta influencia va más allá de las decisiones individuales y puede tener repercusiones a gran escala. A medida que avanzamos en el libro, exploraremos aún más estas implicaciones y examinaremos las estrategias para abordar los desafíos que presenta la irracionalidad económica en diferentes niveles.

Estudios de Caso sobre Decisiones Irracionales

Para ilustrar de manera más vívida cómo la irracionalidad económica influye en las decisiones financieras y su impacto en la economía y la sociedad, exploraremos una serie de estudios de caso que abarcan una variedad de contextos y situaciones. Estos ejemplos proporcionarán una visión más concreta de cómo los sesgos cognitivos y las emociones pueden llevar a decisiones económicas aparentemente irracionales.

Estudio de Caso 1: La Burbuja Inmobiliaria de 2008

La crisis financiera de 2008 es un ejemplo emblemático de cómo la irracionalidad económica puede desencadenar eventos catastróficos. Durante años, los precios de la vivienda en los Estados Unidos aumentaron a un ritmo insostenible, alimentados por la creencia irracional de que los precios nunca caerían. Los compradores, motivados por el miedo a perderse una inversión lucrativa, tomaron hipotecas de alto riesgo sin comprender completamente los términos. Cuando la burbuja estalló, miles de propietarios se enfrentaron a ejecuciones hipotecarias y la economía mundial se sumió en una recesión.

Estudio de Caso 2: El Efecto Dot-Com

La burbuja de las empresas punto com a finales de la década de 1990 es otro ejemplo ilustrativo de irracionalidad en los mercados financieros. Durante este período, las acciones de las empresas de tecnología experimentaron un aumento vertiginoso, con inversores que compraban acciones a precios elevados basados en expectativas exageradas de ganancias futuras. Cuando la burbuja estalló en el año 2000, muchas de estas empresas colapsaron, y los inversores sufrieron pérdidas significativas.

Estudio de Caso 3: Comportamiento de Manada en una Crisis Financiera

El comportamiento de manada también ha sido evidente en numerosas crisis financieras. En momentos de incertidumbre, los inversores a menudo siguen a la multitud vendiendo sus activos, lo que puede agravar la caída del mercado. Por ejemplo, durante la crisis financiera de 2008, el pánico se apoderó de los inversores, y muchos vendieron sus acciones en respuesta al comportamiento generalizado de venta, lo que exacerbó la caída de los precios de las acciones.

Estudio de Caso 4: La Paradoja del Ahorro

La "paradoja del ahorro" ilustra cómo las decisiones económicas individuales pueden tener un impacto negativo en la economía en su conjunto. Cuando las personas sienten temor por el futuro económico y comienzan a ahorrar más dinero en lugar de gastarlo, puede conducir a una disminución de la demanda agregada y, en última instancia, a una desaceleración económica. A pesar de que el ahorro individual puede ser una decisión prudente, cuando se generaliza, puede contribuir a ciclos económicos negativos.

Estos estudios de caso ejemplifican cómo la irracionalidad económica puede afectar decisiones financieras tanto a nivel individual como sistémico. A medida que avanzamos en este capítulo, exploraremos estrategias y enfoques para mitigar los efectos perjudiciales de la irracionalidad en la economía y cómo podemos tomar decisiones financieras más informadas y alineadas con nuestros objetivos a largo plazo.

Capítulo 4: Sesgos Comunes en la Toma de Decisiones

En el Capítulo 4, continuamos explorando la apasionante disciplina de la economía del comportamiento, centrándonos en un tema crucial: los sesgos comunes en la toma de decisiones. Estos sesgos son desviaciones sistemáticas de la racionalidad económica que todos, en mayor o menor medida, experimentamos en nuestras elecciones financieras y económicas. Al abordar este tema, descubriremos cómo estos sesgos influyen en nuestras decisiones y aprenderemos cómo identificarlos y mitigar su impacto.

A lo largo de este capítulo, analizaremos en profundidad una variedad de sesgos cognitivos que afectan nuestra toma de decisiones económicas. Desde el sesgo de confirmación, que nos lleva a buscar información que respalde nuestras creencias preexistentes, hasta el efecto anclaje, que distorsiona nuestras evaluaciones de precios y valores, exploraremos cómo estos sesgos pueden distorsionar nuestra percepción de la realidad económica.

El objetivo de este capítulo es proporcionarte una comprensión más profunda de los sesgos comunes en la toma de decisiones y cómo pueden influir en nuestras elecciones financieras. Al entender estos sesgos, podrás tomar decisiones más informadas y alineadas con tus objetivos económicos.

Sesgo de Confirmación: Cuando Vemos lo que Queremos Ver

El sesgo de confirmación es un fenómeno psicológico profundamente arraigado que influye en gran medida en nuestras decisiones, y es uno de los sesgos cognitivos más universales y persistentes que experimentamos en la toma de decisiones. Se manifiesta cuando buscamos y damos prioridad a la información que confirma nuestras creencias y opiniones preexistentes, al mismo tiempo que tendemos a ignorar, subestimar o descartar la información que desafía estas creencias. En el contexto de la economía y la toma de decisiones financieras, este sesgo puede tener un impacto significativo, a veces perjudicial, en nuestras elecciones y comportamientos económicos.

Cómo Opera el Sesgo de Confirmación:

El proceso del sesgo de confirmación puede ser sutil pero poderoso. Imagina que tienes una fuerte creencia de que una inversión en particular en el mercado de valores es altamente prometedora. Cuando comienzas a investigar esta inversión, es probable que te encuentres buscando y prestando atención principalmente a análisis, noticias o opiniones que respalden tu punto de vista positivo. Al mismo tiempo, puedes pasar por alto o subestimar información que sugiere riesgos o desventajas asociados con esa inversión. Este comportamiento crea una especie de burbuja de confirmación en la que tu convicción en la inversión se refuerza constantemente, incluso si existen datos contradictorios que deberían ser considerados de manera más equilibrada.

Este sesgo también se manifiesta en la toma de decisiones de consumo. Por ejemplo, si crees firmemente que un automóvil en particular es la mejor opción para ti, es probable que busques activamente críticas y testimonios que respalden esa creencia, al tiempo que minimizas o ignoras información que señala sus defectos.

Impacto en las Decisiones Económicas:

El impacto del sesgo de confirmación en nuestras decisiones económicas puede ser profundo. Puede llevarnos a realizar inversiones riesgosas sin una evaluación adecuada de los riesgos, basándonos en información que respalda nuestras expectativas optimistas. Del mismo modo, puede influir en nuestras decisiones de gasto, ya que tendemos a buscar confirmación de que nuestras compras son acertadas en lugar de evaluar objetivamente si son necesarias o financieramente prudentes.

Mitigando el Sesgo de Confirmación:

Superar el sesgo de confirmación es un desafío, pero es fundamental para tomar decisiones económicas más racionales y equilibradas. Aquí hay algunas estrategias que pueden ayudarte a mitigar este sesgo:

Diversifica tus fuentes de información: Activamente busca opiniones y perspectivas diversas en lugar de limitarte a fuentes que respalden tus creencias.

Mantén un espíritu crítico: Fomenta un enfoque crítico hacia tus propias creencias y opiniones. Pregunta qué evidencia respalda tus puntos de vista y si existen perspectivas alternativas que debas considerar.

Busca activamente información contradictoria: En lugar de evitarla, busca información que desafíe tus creencias. Esto te ayudará a tomar decisiones más informadas y equilibradas.

Mantén registros objetivos: Llevar un registro de tus decisiones y sus resultados te permitirá evaluar retrospectivamente si el sesgo de confirmación ha influido en tus elecciones.

Reconocer y abordar el sesgo de confirmación es esencial para tomar decisiones económicas más racionales y alineadas con tus objetivos financieros a largo plazo. Al hacerlo, puedes evitar caer en la trampa de ver solo lo que quieres ver y, en cambio, tomar decisiones basadas en una comprensión más objetiva de la realidad económica.

El Efecto Anclaje: Cuando los Números Dirigen Nuestras Decisiones

En el mundo de la economía del comportamiento, el efecto anclaje es un sesgo cognitivo poderoso y ubicuo que influye de manera significativa en nuestras decisiones económicas y financieras. Este fenómeno psicológico se manifiesta cuando una cifra inicial o "anclaje" ejerce una influencia desproporcionada en nuestras elecciones posteriores, incluso cuando el anclaje en sí mismo carece de relevancia real en el contexto de la decisión. El efecto anclaje es un recordatorio vívido de cuán fácilmente nuestras mentes pueden ser influenciadas por números o cifras iniciales.

Cómo Opera el Efecto Anclaje:

Para comprender mejor el efecto anclaje, considera el siguiente escenario: estás negociando el precio de un automóvil usado. El vendedor inicialmente pide $15,000 por el automóvil, lo que se convierte en el "anclaje" en la negociación. A pesar de que, después de una investigación exhaustiva, determinas que el valor de mercado real del automóvil es más cercano a $10,000, tu oferta de compra podría estar influenciada por el anclaje inicial de $15,000. En lugar de ofrecer una cantidad que considerarías justa y basada en una evaluación objetiva, podrías ofrecer $12,000, lo que sigue siendo considerablemente más alto de lo que habrías ofrecido sin el anclaje. En este caso, el anclaje de $15,000 ha influido en tu decisión, a pesar de no estar respaldado por una justificación lógica.

El efecto anclaje puede ocurrir en diversas situaciones económicas, desde negociaciones de precios y subastas hasta decisiones de inversión. La clave es que una cifra inicial, ya sea proporcionada por un vendedor, un mercado o incluso por nuestra propia mente, puede tener un impacto duradero en nuestras elecciones futuras, incluso cuando sabemos que ese número inicial no es necesariamente el valor "correcto" o justo.

Impacto en las Decisiones Económicas:

El efecto anclaje puede tener un impacto significativo en nuestras decisiones económicas. Puede llevarnos a aceptar precios o condiciones injustas en una transacción, basándonos en la influencia del anclaje inicial. También puede influir en nuestras decisiones de inversión, llevándonos a tomar decisiones basadas en números o cifras que no están respaldados por un análisis objetivo.

Este sesgo es particularmente preocupante cuando se trata de decisiones financieras importantes, como comprar una vivienda, invertir en acciones o negociar acuerdos comerciales. En tales casos, el efecto anclaje puede influir en la evaluación de precios y valores, lo que puede resultar en decisiones económicas subóptimas o, en el peor de los casos, costosas.

Mitigando el Efecto Anclaje:

Reconocer y mitigar el efecto anclaje es fundamental para tomar decisiones económicas más racionales y equilibradas. Aquí hay algunas estrategias que pueden ayudarte a contrarrestar este sesgo:

Investiga antes de tomar decisiones: Realiza investigaciones exhaustivas antes de tomar decisiones financieras importantes. Esto te ayudará a establecer una comprensión objetiva de lo que es razonable y justo en un contexto dado.

Cuestiona el anclaje: Siempre pregunta por qué una cifra o número inicial se presenta en una negociación o decisión económica. Al cuestionar la relevancia del anclaje, puedes evitar que influya en tu juicio.

Considera múltiples fuentes de información: Obtén perspectivas y estimaciones de varias fuentes antes de tomar decisiones importantes. Esto puede ayudarte a evitar que un solo número se convierta en el foco principal de tu decisión.

Establece límites claros: Antes de enfrentar una negociación o decisión económica, establece límites claros y realistas para lo que considerarías una oferta justa o una inversión adecuada.

Superar el efecto anclaje requiere un esfuerzo consciente y una mentalidad crítica. Al aplicar estas estrategias, puedes tomar decisiones económicas más informadas y objetivas, evitando caer en la trampa de permitir que un número sin relevancia real influya en tus elecciones económicas.

Pérdida Aversa y Aversión al Riesgo: Cuando el Miedo a Perder Conduce Nuestras Decisiones

La pérdida aversa y la aversión al riesgo son conceptos fundamentales en la economía del comportamiento y tienen un profundo impacto en nuestras decisiones económicas y financieras. Estos sesgos se relacionan con nuestra tendencia natural a valorar más la prevención de pérdidas que la búsqueda de ganancias, lo que a menudo nos lleva a tomar decisiones financieras conservadoras.

Pérdida Aversa:

La pérdida aversa se refiere a nuestra fuerte aversión emocional a las pérdidas financieras. Estudios psicológicos han demostrado que las personas experimentan el dolor de perder dinero más intensamente que la satisfacción de ganarlo. En consecuencia, tendemos a evitar tomar decisiones que puedan resultar en pérdidas, incluso si esas decisiones tienen el potencial de generar ganancias significativas.

Aversión al Riesgo:

La aversión al riesgo es la inclinación a elegir opciones que tengan un nivel más bajo de incertidumbre o riesgo, en lugar de opciones que tengan un mayor potencial de recompensa pero también un mayor riesgo. Las personas con aversión al riesgo tienden a optar por inversiones y decisiones financieras más seguras, como bonos o cuentas de ahorro, en lugar de acciones u otras inversiones más volátiles.

Impacto en las Decisiones Económicas:

Tanto la pérdida aversa como la aversión al riesgo pueden influir en nuestras decisiones económicas de diversas maneras. Por ejemplo, si tienes inversiones en el mercado de valores y observas una disminución en el valor de tu cartera, es posible que sientas una fuerte aversión a la pérdida y decidas vender tus acciones, incluso si hacerlo podría limitar tus oportunidades de obtener ganancias a largo plazo.

De manera similar, la aversión al riesgo puede llevar a decisiones de inversión extremadamente conservadoras, lo que puede resultar en rendimientos financieros más bajos en el largo plazo. La búsqueda de la seguridad financiera puede, paradójicamente, impedir el crecimiento y la acumulación de riqueza.

Mitigando la Pérdida Aversa y la Aversión al Riesgo:

Si bien estos sesgos son parte de la naturaleza humana, es importante reconocer su influencia y tomar medidas para mitigar su impacto en nuestras decisiones económicas. Aquí hay algunas estrategias:

Diversificación de la cartera: En lugar de evitar completamente las inversiones más riesgosas, considera una cartera diversificada que incluya activos de diferentes niveles de riesgo.

Establece metas financieras claras: Tener metas financieras específicas y a largo plazo puede ayudarte a mantener el enfoque en tus objetivos a pesar de las fluctuaciones del mercado.

Busca asesoramiento profesional: Un asesor financiero puede proporcionarte orientación objetiva y ayudarte a tomar decisiones basadas en tus objetivos personales y tolerancia al riesgo.

Educa sobre inversiones: Cuanto más comprendas las inversiones y el mercado financiero, más confianza tendrás en tus decisiones y menos influencia tendrán los sesgos emocionales.

La pérdida aversa y la aversión al riesgo son parte de nuestra psicología financiera, pero no deben dictar nuestras decisiones económicas. Al reconocer estos sesgos y aplicar estrategias para mitigar su influencia, podemos tomar decisiones financieras más informadas y alineadas con nuestros objetivos a largo plazo.

Sesgo de Disponibilidad: Cuando lo Reciente y lo Fácil de Recordar Dictan Nuestras Decisiones

Dentro del vasto panorama de sesgos cognitivos que influyen en nuestras decisiones económicas y financieras, el sesgo de disponibilidad es uno de los más influyentes y notorios. Este sesgo se manifiesta cuando otorgamos un peso desproporcionado a la información que es fácilmente accesible en nuestra memoria o que está disponible de manera inmediata, en lugar de basar nuestras decisiones en una evaluación objetiva y completa de todos los datos relevantes.

Cómo Opera el Sesgo de Disponibilidad:

Para comprender mejor este sesgo, consideremos un escenario común. Imagina que estás considerando invertir en el mercado de valores. En las últimas semanas, has estado expuesto a una gran cantidad de noticias y reportajes sobre un mercado alcista en el que las acciones han estado subiendo de manera constante. Esta información está fresca en tu mente y es fácil de recordar, lo que la hace más "disponible" en términos cognitivos. Como resultado, puedes sentirte más inclinado a tomar decisiones de inversión basadas en la creencia de que el mercado continuará subiendo.

En contraste, es posible que no recuerdes con tanta facilidad episodios anteriores de caídas del mercado o eventos económicos adversos. Estos eventos pueden estar enterrados en tu memoria, menos disponibles, lo que podría llevar a una visión sesgada y optimista de la situación actual. Estás dando más peso a la información reciente y fácil de recordar en lugar de considerar todo el espectro de datos históricos y contextuales.

Impacto en las Decisiones Económicas:

El sesgo de disponibilidad puede ejercer un impacto considerable en nuestras decisiones económicas al influir en nuestra percepción de los riesgos y las oportunidades. Si estamos expuestos principalmente a información positiva o negativa reciente, esto puede llevarnos a tomar decisiones optimistas o pesimistas sin tener en cuenta factores a largo plazo que son igualmente relevantes.

Por ejemplo, en el contexto de las inversiones, este sesgo puede llevarnos a comprar acciones en un mercado en auge debido a la disponibilidad de información sobre un reciente aumento de las ganancias, sin considerar otros indicadores económicos o eventos históricos que sugieran posibles riesgos.

Mitigando el Sesgo de Disponibilidad:

Superar el sesgo de disponibilidad requiere un enfoque más deliberado y basado en datos en nuestras decisiones económicas. Aquí hay algunas estrategias efectivas para mitigar este sesgo:

Recopila y evalúa datos de manera objetiva: En lugar de basar tus decisiones únicamente en información reciente o fácilmente recordable, esfuérzate por obtener datos más completos y contextualizados. Esto puede incluir investigaciones históricas, perspectivas a largo plazo y análisis fundamentales.

Mantén registros y notas: Llevar un registro de tus decisiones financieras y los resultados te ayudará a evaluar retrospectivamente si el sesgo de disponibilidad influyó en tus elecciones. Esto te permitirá aprender de tus experiencias pasadas y tomar decisiones más informadas en el futuro.

Busca perspectivas externas: Consultar con expertos financieros o buscar opiniones externas puede proporcionar una visión más equilibrada y basada en datos. Estas perspectivas pueden ayudarte a considerar aspectos que podrían no haber estado disponibles en tu pensamiento inicial.

Desarrolla la capacidad de análisis crítico: Fomenta la habilidad de evaluar la información de manera objetiva y crítica, considerando todos los aspectos relevantes antes de tomar decisiones económicas importantes. Esto te permitirá evaluar la disponibilidad de datos frente a su importancia real en el proceso de toma de decisiones.

Reconociendo y abordando el sesgo de disponibilidad, podemos tomar decisiones financieras más informadas y equilibradas, evitando caer en la trampa de permitir que la información reciente y fácilmente recordable dicte nuestras elecciones económicas. Al aplicar estas estrategias, podemos navegar mejor por el complejo mundo de las finanzas y la inversión, basando nuestras decisiones en datos más sólidos y objetivos.

Análisis en Profundidad de Cada Sesgo

En este capítulo, hemos explorado varios sesgos comunes que influyen en nuestras decisiones económicas y financieras. Cada uno de estos sesgos representa una tendencia cognitiva que puede llevarnos a tomar decisiones subóptimas en el ámbito financiero. A continuación, proporcionaremos un análisis en profundidad de cada uno de estos sesgos para una comprensión más completa:

Pérdida Aversa y Aversión al Riesgo: Estos sesgos están relacionados con nuestra tendencia natural a evitar pérdidas y a elegir opciones más seguras en lugar de arriesgadas. Si bien la aversión al riesgo puede ayudarnos a evitar decisiones imprudentes, también puede limitar nuestras oportunidades de inversión y crecimiento financiero a largo plazo. Es importante equilibrar la aversión al riesgo con la búsqueda de oportunidades razonables.

Sesgo de Disponibilidad: Este sesgo se refiere a nuestra tendencia a dar más peso a la información fácilmente disponible en nuestra memoria. Puede llevarnos a subestimar los riesgos o exagerar las oportunidades, ya que nos basamos en información reciente o destacada en lugar de realizar un análisis completo y objetivo.

Sesgo de Confirmación: El sesgo de confirmación ocurre cuando buscamos y damos prioridad a la información que respalda nuestras creencias preexistentes, al mismo tiempo que ignoramos o minimizamos la información que las desafía. Esto puede limitar nuestra capacidad de considerar de manera objetiva todos los aspectos de una decisión financiera.

Efecto Anclaje: Este sesgo se produce cuando una cifra inicial o "anclaje" influye de manera desproporcionada en nuestras decisiones posteriores, incluso si el anclaje en sí mismo carece de relevancia real en el contexto de la decisión. El efecto anclaje puede llevarnos a tomar decisiones basadas en números arbitrarios en lugar de una evaluación objetiva.

Sesgo de Optimismo: El sesgo de optimismo se refiere a nuestra tendencia a ser excesivamente optimistas sobre nuestras propias habilidades y perspectivas de éxito. Esto puede llevarnos a subestimar los riesgos y sobreestimar las recompensas en nuestras decisiones financieras.

Sesgo de Recencia: Este sesgo se relaciona con nuestra propensión a dar más peso a eventos o información reciente en lugar de considerar datos a más largo plazo. Puede llevar a una visión distorsionada de la realidad económica al enfocarse en acontecimientos recientes sin tener en cuenta la historia o los ciclos económicos.

Sesgo de Framing: El sesgo de framing ocurre cuando nuestras decisiones se ven influenciadas por la forma en que se presenta la información. Las decisiones pueden variar según si la información se presenta en términos positivos o negativos, lo que puede llevar a elecciones subóptimas basadas en la presentación.

Sesgo de Sunk Cost: Este sesgo se manifiesta cuando consideramos los costos pasados irreversibles (costos hundidos) al tomar decisiones actuales, en lugar de centrarnos en los costos y beneficios futuros. Esto puede llevar a la persistencia en proyectos o inversiones que ya no son racionales.

Cada uno de estos sesgos es un recordatorio de cuán influenciables pueden ser nuestras decisiones económicas por factores psicológicos y cognitivos. Al reconocer estos sesgos y aplicar estrategias para mitigar su influencia, podemos tomar decisiones financieras más informadas y racionales que estén alineadas con nuestros objetivos a largo plazo. La comprensión de estos sesgos es esencial para navegar con éxito en el mundo de las finanzas y la inversión.

Capítulo 5: Economía Conductual y Política Pública

A medida que avanzamos en nuestro viaje a través de la economía del comportamiento, nos adentramos en un territorio fascinante e influyente: la intersección entre la economía conductual y la política pública. Este capítulo examina cómo los principios y hallazgos de la economía del comportamiento se aplican a la formulación y la implementación de políticas públicas, y cómo estas políticas pueden influir en el comportamiento humano y en la sociedad en su conjunto.

La economía conductual ha demostrado que las personas a menudo toman decisiones que pueden no ser racionales desde una perspectiva puramente económica, y que sus elecciones están influenciadas por sesgos cognitivos y emocionales. Comprender estos sesgos y cómo afectan a las decisiones individuales es fundamental para desarrollar políticas públicas efectivas que aborden una amplia gama de desafíos sociales y económicos.

En este capítulo, exploraremos ejemplos concretos de cómo la economía del comportamiento ha influido en la toma de decisiones de políticas públicas en áreas como la salud, las finanzas, la educación y el medio ambiente. Veremos cómo se han diseñado intervenciones basadas en la economía conductual para fomentar el ahorro, mejorar la salud pública, promover la sostenibilidad ambiental y mucho más.

A medida que avanzamos en este capítulo, se volverá evidente que la economía del comportamiento no solo es una herramienta poderosa para comprender las decisiones individuales, sino también un enfoque valioso para abordar algunos de los desafíos más apremiantes de nuestra sociedad. Desde la lucha contra la obesidad hasta la promoción de la inclusión financiera, la economía conductual está transformando la forma en que concebimos y aplicamos políticas públicas.

Prepárate para explorar el emocionante mundo donde la psicología y la economía se unen para dar forma a políticas públicas más efectivas y orientadas al comportamiento humano. A través de ejemplos prácticos y perspicaces, descubrirás cómo los principios de la economía del comportamiento están remodelando el paisaje de la toma de decisiones políticas y su impacto en nuestra sociedad.

Cómo la Economía Conductual Influye en la Formulación de Políticas Públicas

La economía conductual, con su profundo entendimiento de cómo las personas toman decisiones y actúan en situaciones económicas y sociales, ha emergido como un recurso esencial en la formulación de políticas públicas. A medida que los gobiernos buscan soluciones más efectivas para abordar una amplia gama de desafíos, desde el ahorro para la jubilación hasta la promoción de hábitos alimenticios saludables, la economía conductual se ha convertido en un marco valioso para moldear el comportamiento humano de manera positiva. Veamos cómo esta influencia se manifiesta en la formulación de políticas públicas:

Diseño de Políticas Nudges:

Uno de los conceptos más destacados de la economía conductual es el "nudge" o impulso. Estas intervenciones suaves se diseñan de manera que influyan en las elecciones de las personas sin coartar su libertad de elección. Por ejemplo, los "nudges" se han utilizado para fomentar el ahorro para la jubilación, promover elecciones alimentarias más saludables o alentar la inscripción en programas de asistencia. A través de cambios sutiles en la presentación de opciones, las políticas nudges pueden guiar a las personas hacia comportamientos beneficiosos.

Promoción de la Toma de Decisiones Informadas:

La economía conductual enfatiza la importancia de que las personas comprendan completamente las consecuencias de sus decisiones. Por ello, las políticas públicas ahora priorizan la entrega de información clara y accesible para ayudar a los ciudadanos a tomar decisiones informadas. Esto se ha traducido en la adopción de etiquetas de información nutricional más comprensibles y en la divulgación transparente en productos financieros, por ejemplo.

Diseño de Incentivos y Desincentivos:

Los incentivos y desincentivos son herramientas poderosas para influir en el comportamiento. La economía conductual ha influido en la forma en que se diseñan estos mecanismos en áreas como la fiscalidad, la protección del medio ambiente y la adhesión a tratamientos médicos. El objetivo es alinear los incentivos con el comportamiento deseado, lo que puede tener un impacto positivo tanto en el individuo como en la sociedad en su conjunto.

Abordar la Falta de Autocontrol:

La falta de autocontrol es un desafío común en la toma de decisiones a largo plazo. La economía conductual ha propuesto soluciones como los programas de "compromiso" que ayudan a las personas a mantener sus compromisos a largo plazo, como dejar de fumar o ahorrar más. Estos programas reconocen la importancia de superar las tendencias impulsivas y tomar decisiones más alineadas con los objetivos a largo plazo.

Mejora de la Participación y Cumplimiento:

La economía conductual también ha brindado insights sobre cómo mejorar la participación en programas públicos y el cumplimiento de regulaciones. Estrategias como el uso de recordatorios o la simplificación de procesos de inscripción pueden aumentar la participación en programas de asistencia y el cumplimiento de requisitos legales.

Evaluación y Retroalimentación Continua:

Finalmente, la economía conductual destaca la importancia de la evaluación constante de políticas públicas para determinar su eficacia y realizar ajustes según sea necesario. Esto implica la recopilación de datos sobre el comportamiento y la retroalimentación continua de los resultados para garantizar que las políticas sean efectivas y se adapten a las cambiantes dinámicas sociales y económicas.

En resumen, la economía conductual ha revolucionado la formulación de políticas públicas al brindar una comprensión más profunda de cómo las personas toman decisiones. Al aprovechar los principios de los "nudges", la provisión de información transparente y el diseño de incentivos, las políticas pueden ser más efectivas y centradas en el comportamiento humano. Este enfoque está transformando la forma en que concebimos y abordamos problemas sociales y económicos, y muestra el poder de la intersección entre la economía y la psicología en la toma de decisiones públicas.

Nudges y Paternalismo Libertario: La Armonía entre Elección y Bienestar

Uno de los conceptos más influyentes que ha surgido de la economía conductual y que ha tenido un impacto significativo en la formulación de políticas públicas es el de los "nudges" y la filosofía del paternalismo libertario. Estos enfoques se han convertido en una herramienta poderosa para los responsables de la formulación de políticas que buscan promover elecciones más beneficiosas para los individuos y la sociedad en su conjunto, al tiempo que respetan la autonomía y la libertad de elección de las personas

Nudges: Pequeños Empujones Hacia Decisiones Mejores

Los "nudges" se basan en el principio de que las personas a menudo toman decisiones irracionales o subóptimas debido a sesgos cognitivos y emocionales. Estas intervenciones suaves están diseñadas para guiar a las personas hacia elecciones que son más consistentes con su propio interés y bienestar, sin forzarlos a hacerlo. En lugar de prohibir opciones, los "nudges" trabajan con la psicología humana para influir en la toma de decisiones de manera sutil y efectiva.

Un ejemplo clásico de nudge es la elección predeterminada en programas de ahorro para la jubilación. Cuando los empleados son inscritos automáticamente en un plan de ahorro y tienen que tomar medidas para optar por no participar, la tasa de participación suele aumentar significativamente. Esto ilustra cómo un pequeño cambio en la presentación de opciones puede tener un impacto significativo en el comportamiento humano.

Paternalismo Libertario: Balanceando Libertad y Bienestar

El paternalismo libertario es una filosofía que busca equilibrar el bienestar de las personas con su libertad de elección y autonomía. Reconoce que las personas a menudo toman decisiones subóptimas debido a la falta de información, sesgos cognitivos o impulsividad. En lugar de imponer decisiones, el paternalismo libertario ofrece estructuras y apoyo para ayudar a las personas a tomar decisiones que las beneficien.

Un ejemplo común de paternalismo libertario es el etiquetado de alimentos. Los gobiernos pueden exigir etiquetas de información nutricional claras en los productos alimenticios, lo que permite a los consumidores tomar decisiones más informadas sobre su dieta sin prohibir ningún producto en particular. Esta intervención respeta la libertad de elección de los consumidores al proporcionarles información esencial para tomar decisiones más saludables.

Beneficios y Desafíos del Paternalismo Libertario:

Si bien el paternalismo libertario y los "nudges" han demostrado ser efectivos en muchas áreas, no están exentos de críticas. Algunos argumentan que existe un riesgo de que los encargados de la formulación de políticas utilicen el paternalismo para avanzar en sus agendas personales. Además, la implementación de "nudges" debe llevarse a cabo con cuidado para garantizar que sean transparentes y éticos.

Ejemplos de Nudges y Paternalismo Libertario:

Opt-out vs. Opt-in: Cambiar la configuración predeterminada para que las personas tengan que optar por no participar en lugar de optar por participar en programas como el ahorro para la jubilación.

Etiquetado claro: Utilizar etiquetas de información nutricional comprensibles en productos alimenticios para ayudar a los consumidores a tomar decisiones más saludables.

Aviso de consumo: Informar a los consumidores sobre su consumo de energía eléctrica en comparación con sus vecinos para promover la conservación de energía.

Recordatorios de citas médicas: Enviar recordatorios automáticos de citas médicas para mejorar el cumplimiento y la atención médica preventiva.

En resumen, la combinación de "nudges" y paternalismo libertario ofrece a los responsables de la formulación de políticas herramientas poderosas para mejorar el bienestar de la sociedad. Al mantener un equilibrio entre la libertad de elección y el beneficio, estos enfoques pueden ayudar a las personas a tomar decisiones más informadas y saludables sin imponer restricciones indebidas. Esta intersección entre la economía conductual y la política pública está transformando la forma en que abordamos los desafíos sociales y económicos, priorizando el bienestar individual y colectivo.

Casos de Estudio sobre Políticas Exitosas

La economía conductual ha dejado una huella profunda en la formulación de políticas públicas a nivel mundial. A través de la implementación de estrategias basadas en los principios de la economía del comportamiento, se han logrado éxitos notables en diversas áreas. Examinemos algunos casos de estudio que destacan cómo estas políticas han influido positivamente en el comportamiento humano y han mejorado la calidad de vida de las personas.

Programas de Ahorro para la Jubilación Automatizados:

Uno de los casos de estudio más destacados es la implementación de programas de ahorro para la jubilación automatizados. Esta política ha demostrado ser eficaz al cambiar la elección predeterminada de optar por participar en lugar de optar por no participar. Esto ha llevado a un aumento significativo en la participación en estos programas, lo que, a su vez, ha contribuido a un aumento en el ahorro para la jubilación. Este enfoque ha sido fundamental para ayudar a las personas a asegurar su futuro financiero y promover la estabilidad económica a largo plazo.

Etiquetado de Alimentos y Bebidas:

Otro caso de estudio relevante es el etiquetado de alimentos y bebidas. La introducción de etiquetas de información nutricional más claras en productos ha tenido un impacto significativo en la promoción de elecciones alimentarias más saludables. Los consumidores ahora pueden tomar decisiones informadas sobre su dieta, lo que ha contribuido a una mayor conciencia sobre la salud y la reducción de enfermedades relacionadas con la dieta. Esta política ha fomentado una cultura de alimentación más consciente y saludable en la sociedad.

Reducción del Consumo de Energía:

En el ámbito medioambiental, programas que informan a los consumidores sobre su consumo de energía en comparación con sus vecinos han tenido un impacto positivo en la reducción del consumo de energía. La competencia y el deseo de estar por debajo del promedio han llevado a una disminución significativa del uso de energía, beneficiando tanto a los individuos como al medio ambiente. Esta política ha contribuido a la sostenibilidad ambiental al reducir la huella de carbono de las comunidades.

Recordatorios de Citas Médicas y Adherencia a Tratamientos:

La implementación de recordatorios automáticos de citas médicas y el seguimiento de la adherencia a tratamientos médicos ha mejorado la atención médica preventiva y ha llevado a un mejor control de las enfermedades crónicas. Los pacientes son más propensos a seguir sus tratamientos cuando reciben recordatorios, lo que reduce las tasas de hospitalización y mejora la calidad de vida de las personas. Esta política ha tenido un impacto significativo en la salud pública y la gestión de enfermedades crónicas.

Promoción de la Inscripción en Programas de Asistencia:

Los "nudges" que simplifican el proceso de inscripción en programas de asistencia gubernamental han aumentado la participación y el acceso a estos programas. Esto ha tenido un impacto significativo en la reducción de la pobreza y el apoyo a personas necesitadas, mejorando su calidad de vida y bienestar económico. Esta política ha contribuido a la reducción de la desigualdad y la promoción de la inclusión social.

Estos casos de estudio ejemplifican cómo la economía conductual ha influido positivamente en la formulación de políticas públicas y ha mejorado la toma de decisiones de las personas en una variedad de áreas. Al comprender los sesgos cognitivos y emocionales que afectan nuestras elecciones, las políticas basadas en la economía del comportamiento pueden abordar desafíos complejos y contribuir a un mayor bienestar individual y colectivo. Como resultado, esta intersección entre la economía conductual y la política pública está dando forma a un futuro en el que las políticas son más efectivas y centradas en el comportamiento humano, impulsando un cambio positivo en la sociedad.

Retos y Críticas a la Aplicación de la Economía Conductual en la Política

La incorporación de la economía conductual en la formulación de políticas públicas, aunque prometedora y efectiva en muchos aspectos, plantea cuestiones y desafíos que exigen una reflexión cuidadosa y una respuesta adecuada. Estos retos son fundamentales para garantizar que las políticas basadas en la economía conductual sean éticas, justas y equitativas en su aplicación.

Ética y Privacidad:

Uno de los retos centrales es la preocupación por la ética y la privacidad. La recopilación de datos y la implementación de intervenciones basadas en la economía del comportamiento pueden implicar la recolección de información sensible sobre las personas. Esto plantea interrogantes sobre cómo se utilizan y protegen esos datos, y si los ciudadanos están siendo debidamente informados y consintiendo su uso. Es vital establecer salvaguardias para garantizar que las políticas respeten la privacidad y la autonomía de las personas.

Posibles Abusos:

Otra preocupación importante se relaciona con el potencial abuso de estas técnicas. La manipulación del comportamiento humano con fines políticos o comerciales inadecuados es un riesgo real. Las políticas basadas en la economía conductual deben ser desarrolladas y aplicadas con integridad y responsabilidad para evitar que sean utilizadas de manera manipuladora o coercitiva.

Sesgos Culturales y Sociales:

La efectividad de las políticas basadas en la economía conductual puede variar según las diferencias culturales y sociales. Lo que puede funcionar en una comunidad o contexto cultural específico puede no ser igualmente efectivo en otro. Por lo tanto, es fundamental adaptar estas estrategias para que sean culturalmente sensibles y contextuales. Esto garantiza que las políticas sean relevantes y respetuosas con la diversidad cultural y social.

Evaluación y Retroalimentación:

La medición del impacto real de las políticas basadas en la economía conductual es un desafío constante. Evaluar con precisión si las intervenciones están logrando sus objetivos y mejorando el bienestar de la sociedad requiere de métodos de evaluación sólidos y la recopilación de datos confiables. Establecer sistemas de retroalimentación efectivos es esencial para adaptar y mejorar continuamente estas políticas.

Acceso y Equidad:

Es de vital importancia que las políticas basadas en la economía conductual no perpetúen o amplíen las desigualdades existentes. Deben ser diseñadas de manera que promuevan la equidad y la igualdad de oportunidades. Asegurar que todos tengan acceso a la información y recursos necesarios para beneficiarse de estas políticas es un imperativo ético.

Responsabilidad y Transparencia:

La responsabilidad y la transparencia en la formulación y aplicación de políticas son esenciales. Los ciudadanos deben comprender cómo funcionan estas políticas y tener la capacidad de tomar decisiones informadas sobre su participación en ellas. Los gobiernos y las instituciones deben rendir cuentas por sus acciones y decisiones en esta área, promoviendo la confianza pública en el proceso.

En resumen, mientras que la economía conductual ha demostrado ser una herramienta poderosa en la formulación de políticas públicas, no está exenta de desafíos y cuestionamientos. Abordar adecuadamente los temas de ética, privacidad, adaptación cultural, evaluación efectiva, equidad y transparencia es esencial para garantizar que estas políticas sean beneficiosas y justas para todos. En última instancia, la aplicación responsable de la economía conductual en la política puede contribuir de manera significativa a la mejora del bienestar social y al abordaje de complejos problemas económicos y sociales.

Capítulo 6: Comportamiento del Consumidor

El estudio del comportamiento del consumidor es un campo esencial en la economía del comportamiento que arroja luz sobre cómo las decisiones económicas cotidianas de las personas están moldeadas por una serie de factores psicológicos, emocionales y sociales. En este capítulo, exploraremos a fondo esta área clave de la economía del comportamiento, desentrañando los misterios detrás de las elecciones de compra, el consumo y la toma de decisiones financieras.

A medida que nos adentramos en el mundo del comportamiento del consumidor, descubriremos que las decisiones de compra no son simplemente racionales y basadas en la maximización de la utilidad, como a menudo se presupone en la economía tradicional. En cambio, están influenciadas por una amplia gama de factores, desde la percepción de los productos y la influencia de la publicidad hasta las emociones, los sesgos cognitivos y las dinámicas sociales.

Este capítulo nos llevará a explorar las motivaciones detrás de las decisiones de compra, los efectos de la publicidad y el marketing en el comportamiento del consumidor, así como las trampas mentales que pueden llevar a elecciones financieras subóptimas. A través de ejemplos prácticos y estudios de casos, examinaremos cómo estas ideas se traducen en el mundo real y cómo las empresas y los individuos pueden beneficiarse de una comprensión más profunda del comportamiento del consumidor.

En última instancia, comprender el comportamiento del consumidor es esencial tanto para las empresas que buscan satisfacer las necesidades de sus clientes como para los individuos que desean tomar decisiones financieras informadas y mejorar su bienestar económico. A medida que avancemos en este capítulo, descubriremos cómo la economía del comportamiento arroja luz sobre este fascinante y complejo aspecto de la vida económica cotidiana.

Influencia de la Economía Conductual en el Marketing y la Publicidad

El campo del marketing y la publicidad ha experimentado una revolución en su enfoque gracias a la influencia de la economía conductual. En lugar de basarse exclusivamente en modelos tradicionales de toma de decisiones racionales, el marketing y la publicidad ahora incorporan una profunda comprensión de cómo las personas realmente toman decisiones económicas y de consumo.

Persuasión y Toma de Decisiones:

En el corazón de esta transformación se encuentra la teoría de la persuasión, que se basa en la psicología social y que ha demostrado ser una herramienta poderosa en el mundo del marketing y la publicidad. La economía conductual ha revelado que nuestras decisiones de compra no siempre son racionales ni completamente conscientes; en cambio, están influenciadas por factores emocionales y psicológicos. Los profesionales del marketing ahora aprovechan estos principios de persuasión para diseñar mensajes y estrategias que conectan con las emociones y las motivaciones de los consumidores.

Sesgos Cognitivos y Diseño de Mensajes:

La economía conductual también ha resaltado la importancia de comprender los sesgos cognitivos que afectan nuestras decisiones. Los sesgos, como el sesgo de confirmación y el sesgo de anclaje, son vulnerabilidades comunes en la mente humana. Los especialistas en marketing utilizan estos sesgos para diseñar mensajes que aprovechan estas tendencias cognitivas. Por ejemplo, presentar un producto con un precio inicial alto seguido de un descuento puede anclar la percepción de valor en la mente del consumidor, haciendo que sientan que están obteniendo una oferta especial.

Diseño de Elección y Arquitectura de la Elección:

La economía conductual también ha influido en la forma en que se presentan las opciones a los consumidores. La arquitectura de la elección es el arte de diseñar cómo se presentan las opciones para influir en la toma de decisiones. Estrategias como la elección predeterminada, donde se establece una opción como la elección por defecto a menos que el consumidor tome medidas para cambiarla, se utilizan comúnmente en configuraciones de ventas en línea y suscripciones.

Experimentación y Aprendizaje del Consumidor:

Las empresas pueden aprovechar el proceso de aprendizaje del consumidor y la experimentación. La economía del comportamiento reconoce que las personas a menudo aprenden sobre productos y servicios a través de la experiencia. Las empresas pueden ofrecer versiones de prueba, períodos de prueba gratuitos o políticas de devolución flexibles para facilitar la experimentación y el aprendizaje de los consumidores, lo que a su vez puede aumentar la confianza y la lealtad del cliente.

Neuromarketing y Ciencia del Cerebro del Consumidor:

El neuromarketing es una disciplina en crecimiento que utiliza técnicas de neurociencia para entender cómo los estímulos publicitarios afectan al cerebro del consumidor. Al medir respuestas cerebrales como la actividad cerebral y las reacciones emocionales, los profesionales del marketing pueden obtener información valiosa sobre cómo diseñar estrategias publicitarias que conecten con las emociones y generen una respuesta más positiva en los consumidores.

En conclusión, la influencia de la economía conductual en el marketing y la publicidad ha cambiado fundamentalmente la forma en que las empresas se relacionan con los consumidores. Al comprender y aplicar principios de persuasión, comprensión de sesgos cognitivos y diseño de elección efectivo, el marketing y la publicidad se han vuelto más efectivos en la creación de mensajes y estrategias que resuenan con el comportamiento humano real. Esta evolución continúa impulsando una mayor eficacia y una mejor comprensión de las motivaciones detrás de nuestras elecciones de compra, mejorando la interacción entre empresas y consumidores.

Cómo las Empresas Aprovechan los Sesgos Cognitivos en el Comportamiento del Consumidor

En el emocionante mundo del comportamiento del consumidor, las empresas han reconocido la influencia significativa de los sesgos cognitivos en las decisiones de compra de los clientes. Estos sesgos, que son patrones sistemáticos de pensamiento irracional arraigados en la psicología humana, pueden ser explotados de manera ética para crear estrategias de marketing más efectivas y atraer a los consumidores de manera más persuasiva. A continuación, exploraremos cómo las empresas aprovechan algunos de los sesgos cognitivos más comunes para mejorar su éxito en el mercado.

Sesgo de Confirmación:

Este sesgo se refiere a la tendencia de las personas a buscar, interpretar y recordar información de una manera que confirme sus creencias preexistentes. Las empresas han aprendido a utilizar el sesgo de confirmación al dirigirse a audiencias que ya tienen una afinidad con sus productos o valores. Por ejemplo, una empresa que vende productos orgánicos puede destacar cómo sus productos están alineados con el estilo de vida saludable que sus clientes ya han adoptado, reforzando así su elección.

Sesgo de Anclaje:

El sesgo de anclaje se produce cuando las personas dependen demasiado de la primera pieza de información que encuentran al tomar decisiones. Las empresas pueden aprovechar este sesgo estableciendo un precio inicial alto para un producto y luego ofreciendo un descuento, lo que hace que el precio de descuento parezca una verdadera ganga en comparación. Este enfoque influye en la percepción del valor del producto y puede llevar a una mayor conversión de ventas.

Sesgo de Disponibilidad:

Este sesgo se basa en la tendencia de las personas a dar más peso a la información que es fácilmente accesible en su memoria. Las empresas pueden utilizar el sesgo de disponibilidad al destacar testimonios positivos de clientes, reseñas o estadísticas que respalden su producto. Esta información está disponible y, por lo tanto, se considera más confiable y persuasiva para los consumidores.

Sesgo de Aversión a la Pérdida:

Las personas tienden a valorar más la evitación de pérdidas que las ganancias equivalentes. Las empresas pueden aprovechar este sesgo al resaltar lo que los consumidores podrían perder si no eligen su producto o servicio. Por ejemplo, una aerolínea podría enfatizar que quedan pocas plazas disponibles a un precio especial, creando un sentido de urgencia para evitar la pérdida de la tarifa promocional y alentando la compra.

Sesgo de Conformidad Social:

Las personas a menudo miran a los demás para determinar cómo deben comportarse o qué productos comprar. Las empresas pueden aprovechar este sesgo mostrando cómo su producto o servicio es popular y ampliamente adoptado por otros. El uso de testimonios, casos de éxito y ejemplos de clientes satisfechos puede crear una sensación de conformidad social y aumentar la confianza de los consumidores en la elección del producto.

Sesgo de Optimismo:

Este sesgo se relaciona con la tendencia de las personas a subestimar los riesgos y sobreestimar los beneficios de sus decisiones. Las empresas pueden utilizar este sesgo al destacar los aspectos positivos y los beneficios de sus productos o servicios, enfocándose en cómo mejorará la vida del consumidor. Al crear una narrativa optimista en torno a su oferta, las empresas pueden influir en las percepciones de los consumidores y fomentar una actitud positiva hacia su producto o servicio.

En resumen, comprender cómo funcionan los sesgos cognitivos en la toma de decisiones de los consumidores permite a las empresas desarrollar estrategias de marketing más efectivas y persuasivas. Al aprovechar estos sesgos de manera ética y transparente, las empresas pueden conectar de manera más efectiva con su audiencia y brindar productos y servicios que resuenen con las percepciones y preferencias de los consumidores. Esta comprensión profunda del comportamiento del consumidor es esencial en un mercado competitivo y en constante evolución y puede marcar la diferencia en el éxito de una empresa en el mercado.

El Papel de la Elección en la Experiencia del Consumidor

La elección es un aspecto central en la experiencia del consumidor y un campo de estudio fascinante en la economía del comportamiento. En un mundo moderno repleto de opciones, desde la elección de productos en el supermercado hasta la selección de servicios en línea, la forma en que los consumidores perciben y toman decisiones sobre esas opciones puede influir significativamente en su satisfacción y bienestar.

La Paradoja de la Elección:

Uno de los conceptos más intrigantes que ha surgido en la economía del comportamiento es la "paradoja de la elección". Contrario a lo que podría pensarse, la idea de que más opciones conducen a una mayor satisfacción no siempre es cierta. De hecho, un exceso de opciones puede abrumar a los consumidores y llevarlos a experimentar ansiedad en lugar de satisfacción. Esta paradoja ilustra cómo la elección, aunque es esencial para la autonomía del consumidor, puede convertirse en una carga psicológica abrumadora.

La Importancia de la Arquitectura de la Elección:

Para abordar la paradoja de la elección y mejorar la experiencia del consumidor, las empresas han comenzado a aplicar los principios de la economía conductual en la forma en que presentan las opciones a los consumidores. Esto se conoce como la "arquitectura de la elección". Comprender cómo funciona la mente humana al tomar decisiones permite a las empresas diseñar estratégicamente la forma en que se presentan las opciones para influir en las elecciones de los consumidores.

Elección Predeterminada:

Una estrategia efectiva en la arquitectura de elección es la elección predeterminada. En esta estrategia, una opción se establece como la elección por defecto a menos que el consumidor tome medidas para cambiarla. Por ejemplo, al comprar en línea, la opción de inscribirse en una lista de correo electrónico o recibir actualizaciones de un sitio web a menudo está preseleccionada. La mayoría de los consumidores opta por quedarse con la opción predeterminada, lo que simplifica el proceso de compra y reduce la carga cognitiva.

Limitación de Opciones:

Otra estrategia efectiva es limitar el número de opciones disponibles. Al presentar solo unas pocas opciones cuidadosamente seleccionadas, las empresas pueden facilitar que los consumidores tomen decisiones más rápidas y con menos estrés. Esto es especialmente relevante en entornos donde la elección excesiva podría llevar a la parálisis del análisis.

Personalización y Recomendaciones:

La personalización y las recomendaciones basadas en el historial de compra y las preferencias del consumidor son herramientas poderosas para ayudar a los consumidores a encontrar productos y servicios que se adapten a sus necesidades individuales. Esto crea una experiencia de elección más relevante y satisfactoria, ya que se alinea con las preferencias personales de los consumidores.

Feedback y Retroalimentación:

Las empresas también pueden utilizar el feedback y la retroalimentación de los consumidores para mejorar la experiencia de elección. Al recopilar comentarios sobre las elecciones de los consumidores y utilizarlos para ajustar y mejorar las opciones futuras, las empresas pueden ofrecer una experiencia de elección más adaptativa y satisfactoria.

En resumen, comprender el papel de la elección en la experiencia del consumidor es esencial para diseñar estrategias de marketing y ofrecer productos y servicios que generen satisfacción y lealtad del cliente. Al aplicar los principios de la economía conductual para abordar la paradoja de la elección y facilitar la toma de decisiones, las empresas pueden mejorar significativamente la experiencia del consumidor y crear relaciones más sólidas con sus clientes. Navegar por el mar de opciones se vuelve más fluido y agradable cuando se aplican estas estrategias para simplificar y mejorar el proceso de elección.

Estrategias de Marketing Basadas en la Economía del Comportamiento

En el emocionante mundo del marketing moderno, la economía del comportamiento ha desempeñado un papel fundamental en la evolución de las estrategias de persuasión y venta. En lugar de depender únicamente de modelos tradicionales de toma de decisiones racionales, las estrategias de marketing contemporáneas se basan en una comprensión más profunda de cómo las personas toman decisiones económicas y cómo los factores psicológicos influyen en estas elecciones. A continuación, exploraremos algunas estrategias de marketing efectivas basadas en los principios de la economía del comportamiento:

Persuasión Basada en Emociones:

Una de las principales lecciones de la economía del comportamiento es la importancia de las emociones en la toma de decisiones. Las estrategias de marketing se han adaptado a esta idea, centrándose en evocar emociones específicas que resuenen con los consumidores. Los anuncios y campañas publicitarias que apelan a la nostalgia, la alegría o la empatía pueden crear conexiones emocionales profundas con los productos o servicios anunciados, lo que aumenta significativamente la probabilidad de que los consumidores tomen medidas.

Escasez y Urgencia:

Los principios de la economía del comportamiento, como la aversión a la pérdida, pueden ser aprovechados mediante estrategias que crean una sensación de escasez o urgencia. Los mensajes que enfatizan la disponibilidad limitada de un producto o una oferta por tiempo limitado pueden motivar a los consumidores a tomar decisiones de compra más rápidas, impulsados por el temor a perder una oportunidad valiosa.

Personalización y Recomendaciones:

La personalización basada en datos y las recomendaciones basadas en el historial de compra y preferencias del consumidor son estrategias poderosas para aumentar las ventas y la satisfacción del cliente. Las empresas han adoptado con entusiasmo esta práctica al utilizar algoritmos de recomendación que ofrecen a los consumidores productos y servicios altamente relevantes. Esta personalización crea una experiencia de elección más significativa y satisfecha, ya que se adapta a las necesidades y preferencias individuales.

Análisis de Comentarios y Reseñas:

El análisis de comentarios y reseñas de clientes se ha convertido en una herramienta invaluable para las estrategias de marketing. Las empresas pueden aprovechar esta retroalimentación para comprender mejor las necesidades y expectativas de los consumidores. Además, pueden utilizar comentarios positivos para destacar la calidad de sus productos o servicios en campañas de marketing.

Neuromarketing:

El neuromarketing, una disciplina que combina la neurociencia con el marketing, emplea técnicas como la resonancia magnética funcional (fMRI) para estudiar la respuesta cerebral de los consumidores a estímulos publicitarios. Esta información permite a las empresas diseñar anuncios y campañas que estimulan de manera efectiva las regiones del cerebro asociadas con la toma de decisiones y las emociones positivas.

Gamificación:

La gamificación, que utiliza la predisposición humana hacia la competencia y la recompensa, se ha convertido en una estrategia popular. Las empresas incorporan elementos de juego en sus productos o programas de lealtad para involucrar a los consumidores y aumentar la participación de manera lúdica y atractiva.

Contenido Visual y Storytelling:

La economía del comportamiento ha demostrado que los consumidores responden de manera más efectiva a contenido visual atractivo y narrativas persuasivas. Las estrategias de marketing se centran en la creación de contenido visual cautivador y en la narración de historias que conecten emocionalmente con la audiencia, creando conexiones más profundas y duraderas.

Estas estrategias ilustran cómo la economía del comportamiento ha influido en la forma en que las empresas se relacionan con los consumidores. Al comprender cómo las personas toman decisiones y cómo los factores psicológicos influyen en estas decisiones, las estrategias de marketing se vuelven más efectivas en la creación de mensajes y tácticas que resuenan con el comportamiento humano real. La economía del comportamiento ha redefinido la forma en que las empresas se conectan con sus audiencias y ha llevado a la creación de estrategias de marketing más efectivas y centradas en el consumidor, mejorando así la experiencia del cliente y la relación de la empresa con su mercado objetivo.

112

Capítulo 7: Ahorro, Inversión y Retiro

Bienvenidos al séptimo capítulo de nuestro viaje a través de la economía del comportamiento, donde nos adentraremos en el apasionante mundo de las finanzas personales y cómo esta disciplina influye en las decisiones relacionadas con el ahorro, la inversión y la planificación del retiro. Estos aspectos financieros son pilares fundamentales de la vida de las personas y tienen un impacto profundo en su bienestar económico a lo largo de los años.

A lo largo de las páginas que siguen, exploraremos en detalle cómo las personas ahorran sus ingresos, toman decisiones de inversión y planifican su retiro. Lo haremos con un enfoque especial en cómo los factores psicológicos y los sesgos cognitivos pueden influir en estas decisiones. La economía del comportamiento nos ofrece una perspectiva única para comprender por qué a veces tomamos decisiones financieras que pueden parecer irrazonables y cómo podemos mejorar nuestro comportamiento financiero para construir un futuro económico más sólido.

Examinaremos conceptos clave como la aversión a la pérdida, la mentalidad de escasez, el optimismo excesivo y la procrastinación, entre otros, que a menudo se interponen en el camino hacia una toma de decisiones financieras más eficiente. Al comprender estos factores psicológicos, podremos encontrar estrategias y enfoques basados en la economía del comportamiento que nos ayuden a tomar decisiones financieras más informadas y efectivas.

El ahorro responsable, la inversión adecuada y la planificación inteligente del retiro son aspectos críticos de la vida financiera de cualquier persona. Comprender cómo funcionan desde una perspectiva de economía del comportamiento puede marcar la diferencia entre una jubilación cómoda y una preocupación constante por las finanzas. A lo largo de este capítulo, desentrañaremos las complejidades de estas decisiones financieras y descubriremos cómo aplicar los principios de la economía del comportamiento puede ayudarnos a construir un futuro financiero más seguro y próspero.

La Psicología detrás del Ahorro y la Inversión: Navegando las Decisiones Financieras con Claridad

En el fascinante mundo del ahorro y la inversión, la economía del comportamiento ha arrojado luz sobre cómo nuestras decisiones financieras a menudo están influenciadas por factores psicológicos que van más allá de la lógica pura. Estos aspectos emocionales y cognitivos pueden llevarnos a tomar rutas financieras menos óptimas, y comprenderlos es crucial para tomar decisiones financieras más informadas y efectivas.

Aversión a la Pérdida:

Uno de los aspectos más intrigantes es la aversión a la pérdida, una tendencia psicológica que nos hace valorar la prevención de pérdidas más que la obtención de ganancias. Esta aversión puede llevarnos a tomar decisiones financieras conservadoras que nos impidan aprovechar oportunidades de inversión. Por ejemplo, podemos resistirnos a vender inversiones en declive, esperando que el mercado se recupere, incluso cuando podría ser más prudente reducir pérdidas.

Optimismo Excesivo:

El optimismo es una característica humana valiosa, pero cuando se lleva al extremo, puede ser perjudicial para las decisiones financieras. A menudo, tendemos a sobreestimar nuestras habilidades y subestimar los riesgos asociados con las inversiones. Esta ilusión de control puede llevar a la inversión excesiva en activos riesgosos sin una evaluación adecuada de las consecuencias potenciales.

Mentalidad de Escasez vs. Abundancia:

La forma en que vemos nuestros recursos financieros también desempeña un papel crucial. Una mentalidad de escasez se centra en la preocupación por la falta de recursos y puede llevar a la frugalidad excesiva, lo que limita nuestra capacidad para disfrutar de la vida. Por otro lado, una mentalidad de abundancia puede llevar al gasto desenfrenado y la falta de ahorro. Encontrar un equilibrio entre estas mentalidades es esencial para una gestión financiera saludable.

Procrastinación:

La postergación es un enemigo silencioso en el mundo de las finanzas personales. El retraso en la planificación financiera y la inversión puede tener un impacto significativo en la acumulación de riqueza a largo plazo. A menudo subestimamos cuánto podemos perder al posponer decisiones financieras cruciales.

Influencia de Pares y Social:

Las decisiones financieras también están influenciadas por la presión social y la influencia de pares. Compramos ciertas marcas o productos para encajar en un grupo social o seguimos tendencias de inversión populares sin una evaluación adecuada de los riesgos involucrados.

Estos aspectos psicológicos son solo la punta del iceberg en el mundo de la economía del comportamiento. Comprenderlos nos permite tomar medidas para contrarrestar su influencia y tomar decisiones financieras más informadas y efectivas. A medida que avanzamos en este capítulo, exploraremos estrategias basadas en la economía del comportamiento que pueden ayudarnos a superar estos desafíos psicológicos y establecer una base financiera sólida para el futuro. La toma de decisiones financieras, cuando se aborda desde una perspectiva más consciente y equilibrada, puede ser una herramienta poderosa para alcanzar nuestros objetivos financieros a largo plazo.

La Planificación Financiera a lo Largo de la Vida: Un Viaje de Decisiones y Metas

La planificación financiera es un viaje que se extiende a lo largo de toda una vida, con cada etapa presentando desafíos y oportunidades únicos en términos de ahorro, inversión y planificación del retiro. En este segmento del capítulo, exploraremos cómo la economía del comportamiento nos proporciona una lente invaluable para comprender las decisiones financieras que tomamos en cada fase del camino.

La Juventud: Construyendo los Cimientos

En las primeras etapas de la vida adulta, las personas a menudo se centran en establecer sus carreras, formar familias y adquirir activos como viviendas. La economía del comportamiento nos enseña que en esta etapa, el optimismo es alto, y a menudo subestimamos los riesgos financieros y la importancia del ahorro a largo plazo. Las decisiones como la compra de una vivienda, la inversión en el mercado de valores y el establecimiento de un fondo de emergencia son esenciales, y la economía del comportamiento nos recuerda que es crucial pensar en el futuro incluso en esta fase temprana.

La Mediana Edad: Equilibrando Responsabilidades

A medida que avanzamos en la vida, nuestras responsabilidades financieras pueden aumentar significativamente. Desde la educación de los hijos hasta el cuidado de los padres mayores, la carga financiera puede ser abrumadora. La economía del comportamiento resalta cómo la aversión a la pérdida puede llevar a decisiones financieras excesivamente conservadoras, lo que a menudo resulta en oportunidades de inversión desaprovechadas. En esta fase, la planificación financiera se vuelve aún más crítica, y comprender la psicología detrás de las decisiones financieras puede marcar la diferencia entre el éxito y el estancamiento.

La Jubilación: Preparándonos para el Futuro

La jubilación es una etapa en la que la economía del comportamiento desempeña un papel crucial. La procrastinación y la falta de planificación pueden llevar a una jubilación insuficientemente financiada. A menudo, las personas subestiman cuánto necesitarán ahorrar para mantener su calidad de vida en la jubilación. Aquí, la economía del comportamiento nos recuerda la importancia de enfrentar esta etapa de la vida con una estrategia financiera sólida y un enfoque realista.

A medida que avanzamos en este capítulo, exploraremos estrategias basadas en la economía del comportamiento que pueden ayudarnos a abordar estas etapas de la vida con confianza y preparación. Cada fase presenta desafíos únicos, pero también oportunidades para tomar decisiones financieras informadas y efectivas. Comprender cómo la psicología influye en nuestras elecciones financieras en cada etapa nos permite navegar con sabiduría este viaje financiero, lo que nos permitirá disfrutar de una seguridad financiera sólida y una jubilación plena y satisfactoria.

Retos en la Jubilación y Cómo Abordarlos: Una Mirada a la Seguridad Financiera en la Tercera Edad

La jubilación, una etapa de la vida que muchos esperan con ansias, viene acompañada de una serie de retos financieros que deben abordarse con planificación y estrategia. En esta sección, exploraremos en profundidad los desafíos más comunes que las personas enfrentan durante la jubilación y cómo podemos aplicar la economía del comportamiento para abordarlos de manera efectiva.

Longevidad y Suficiencia Financiera:

Uno de los desafíos más apremiantes de la jubilación es la incertidumbre en torno a cuánto tiempo durará nuestra pensión y nuestros ahorros. La economía del comportamiento nos ha enseñado que a menudo subestimamos cuánto necesitaremos para mantener nuestra calidad de vida durante una jubilación potencialmente larga. Para abordar este desafío, es fundamental planificar para una jubilación más larga de lo esperado y considerar estrategias de inversión que busquen un equilibrio adecuado entre el crecimiento de los activos y la seguridad financiera.

Inflación y Conservadurismo Financiero:

La inflación es un factor crítico que puede erosionar significativamente el poder adquisitivo de nuestros ahorros con el tiempo. Sin embargo, la economía del comportamiento destaca cómo nuestra aversión a la pérdida puede llevarnos a tomar decisiones financieras excesivamente conservadoras durante la jubilación, lo que a la larga podría ser inadecuado para combatir la inflación. Para abordar este desafío, es importante considerar inversiones que ofrezcan protección contra la inflación y mantener un equilibrio prudente entre la seguridad financiera y el crecimiento de activos.

Cuidado de la Salud y Gastos Inesperados:

El costo del cuidado de la salud es un componente significativo en la jubilación, y la economía del comportamiento nos recuerda que a menudo subestimamos la probabilidad de enfrentar gastos médicos inesperados. Para abordar este desafío, es crucial tener un plan de salud sólido y considerar la adquisición de un seguro de salud a largo plazo. Además, es importante contar con un fondo de emergencia sustancial para hacer frente a cualquier gasto imprevisto.

Bienestar Emocional y Jubilación:

La jubilación no solo plantea retos financieros, sino también aspectos emocionales. La transición a la jubilación puede ser un período de ajuste emocional y psicológico, y la economía del comportamiento nos recuerda que nuestras decisiones financieras a menudo están influenciadas por nuestras emociones. Para abordar este desafío, es esencial mantener un equilibrio saludable entre el bienestar emocional y la toma de decisiones financieras informadas.

En resumen, la jubilación presenta una serie de retos financieros y emocionales que deben ser abordados con sabiduría y una planificación cuidadosa. La economía del comportamiento nos proporciona una perspectiva valiosa para comprender cómo nuestras decisiones financieras pueden estar influenciadas por factores psicológicos. Al abordar estos desafíos con una combinación de conocimiento financiero y una comprensión profunda de la psicología detrás de nuestras decisiones, podemos trabajar hacia una jubilación segura, satisfactoria y financieramente sólida.

Estrategias para Fomentar el Ahorro y la Inversión Responsables

La construcción de un futuro financiero sólido y seguro a través del ahorro y la inversión responsables es un objetivo que muchos aspiran a alcanzar. Sin embargo, este proceso a menudo implica desafíos psicológicos y emocionales que pueden dificultar la toma de decisiones financieras informadas y a largo plazo. En esta sección, exploraremos estrategias basadas en la economía del comportamiento que nos ayudarán a superar estas barreras y a impulsar un ahorro e inversión más efectivos.

Establecer Metas Financieras Claras:

La economía del comportamiento nos enseña que tener metas financieras claras y específicas puede ser un motivador poderoso para el ahorro y la inversión responsables. Cuando definimos objetivos financieros concretos, como comprar una casa, financiar la educación de nuestros hijos o asegurar una jubilación cómoda, creamos un propósito financiero que nos guía y nos impulsa a tomar decisiones informadas y a largo plazo.

Automatizar el Ahorro e Inversión:

La automatización desempeña un papel fundamental en el fomento del ahorro y la inversión responsables. Configurar transferencias automáticas que dirijan una parte de nuestros ingresos hacia cuentas de ahorro o inversión garantiza que estemos contribuyendo de manera constante a nuestros objetivos financieros. Esto reduce la tentación de gastar en lugar de ahorrar y nos ayuda a mantener un enfoque disciplinado.

Utilizar Nudges y Recordatorios:

La economía del comportamiento ha demostrado que pequeños recordatorios y "nudges" (empujones) pueden influir en nuestras decisiones financieras. Implementar estas estrategias implica utilizar recordatorios regulares que nos ayuden a mantener nuestros objetivos financieros en mente y nos motiven a tomar medidas. Por ejemplo, recibir recordatorios periódicos para aumentar nuestras contribuciones de jubilación puede alentarnos a ahorrar más para el futuro.

Diversificación y Gestión de Riesgos:

La diversificación de la cartera es una estrategia esencial para la inversión responsable. La economía del comportamiento nos recuerda que, debido a la aversión a la pérdida, a menudo tendemos a tomar decisiones financieras conservadoras. Diversificar nuestros activos nos permite administrar los riesgos y mantener un enfoque equilibrado en la inversión, lo que puede contribuir a un crecimiento más sostenible de nuestros activos a lo largo del tiempo.

Educación Financiera Continua:

La educación financiera es una herramienta valiosa para fomentar el ahorro y la inversión responsables. Cuanto más comprendamos los conceptos financieros y las implicaciones de nuestras decisiones, más preparados estaremos para tomar decisiones financieras informadas y adecuadas. La economía del comportamiento nos muestra que la falta de conocimiento puede llevar a decisiones financieras subóptimas, por lo que el aprendizaje continuo es fundamental.

Buscar Asesoramiento Profesional:

La búsqueda de asesoramiento financiero profesional puede ser esencial para una inversión responsable. Los asesores financieros pueden proporcionar información valiosa, evaluar nuestro perfil de riesgo y ayudarnos a tomar decisiones coherentes con nuestros objetivos financieros a largo plazo. Además, pueden brindarnos orientación en momentos de incertidumbre económica.

En resumen, fomentar el ahorro y la inversión responsables es un proceso fundamental para construir un futuro financiero sólido y seguro. Al aplicar estrategias basadas en la economía del comportamiento, podemos superar las barreras psicológicas y emocionales que a menudo nos impiden tomar decisiones financieras informadas y efectivas. Esto nos permite avanzar hacia nuestros objetivos financieros con confianza y determinación, garantizando así la seguridad financiera a largo plazo.

Capítulo 8: Futuro de la Economía del Comportamiento

En este último capítulo, nos adentramos en un viaje de exploración hacia el futuro de la economía del comportamiento. A lo largo de las páginas precedentes, hemos sumergido nuestras mentes en la comprensión de cómo las personas toman decisiones económicas y cómo los factores psicológicos influyen en estas elecciones. Hemos explorado las bases teóricas, los desafíos y las aplicaciones de la economía del comportamiento en diversos contextos.

Ahora, en esta etapa final de nuestro recorrido, nos enfrentamos a la emocionante tarea de vislumbrar lo que el futuro de esta disciplina nos depara. ¿Cómo evolucionará la economía del comportamiento en los próximos años y décadas? ¿Qué nuevos avances y aplicaciones se encuentran en el horizonte? ¿De qué manera esta disciplina continuará transformando la toma de decisiones económicas y la vida cotidiana de las personas?

A medida que avanzamos, exploraremos una serie de tendencias y áreas emergentes en la economía del comportamiento. Desde el uso de la inteligencia artificial y la tecnología de vanguardia para comprender mejor y mejorar nuestras elecciones financieras hasta la expansión de la economía del comportamiento en ámbitos como la salud, la educación y la política, este capítulo nos llevará en un viaje de anticipación hacia el futuro apasionante de esta disciplina.

La Economía del Comportamiento en la Era Digital:

Una de las tendencias más notables que definirán el futuro de la economía del comportamiento es su convergencia con la revolución digital. Con la creciente disponibilidad de datos masivos y herramientas avanzadas de análisis, la capacidad de comprender y modelar el comportamiento económico humano está en constante expansión. La inteligencia artificial y el aprendizaje automático prometen desbloquear perspectivas aún más profundas sobre cómo tomamos decisiones financieras y cómo estas decisiones pueden ser influenciadas de manera efectiva.

La Economía del Comportamiento en la Vida Cotidiana:

A medida que la economía del comportamiento continúa avanzando, su influencia se extiende más allá del ámbito económico puro. Vemos su aplicación en áreas como la salud pública, donde las estrategias basadas en la economía del comportamiento se utilizan para promover hábitos saludables, o en la política, donde se emplean nudges para influir en la toma de decisiones de los ciudadanos. Estas aplicaciones cada vez más amplias nos muestran cómo la economía del comportamiento se está convirtiendo en una herramienta esencial para abordar los desafíos sociales y mejorar la calidad de vida de las personas.

La Economía del Comportamiento en la Educación:

Otro campo en crecimiento es la aplicación de la economía del comportamiento en la educación. Comprender cómo los estudiantes toman decisiones sobre su aprendizaje y sus metas académicas puede conducir a enfoques pedagógicos más efectivos y personalizados. La economía del comportamiento ofrece herramientas para diseñar entornos de aprendizaje que fomenten el compromiso y el éxito académico.

A medida que avanzamos en este capítulo, recordemos que el conocimiento que hemos adquirido a lo largo de este libro servirá como guía en el emocionante territorio que se avecina. Este capítulo nos proporcionará una visión más profunda de las oportunidades y desafíos que nos esperan a medida que la economía del comportamiento se afianza como una disciplina esencial en el mundo moderno. Con esto en mente, continuemos nuestro viaje hacia el futuro fascinante de la economía del comportamiento y su impacto en nuestras vidas.

Tendencias Emergentes en la Economía del Comportamiento

El campo de la economía del comportamiento es dinámico y está en constante evolución. A medida que avanzamos hacia el futuro, nuevas tendencias y desarrollos están dando forma a esta disciplina de manera emocionante. En esta sección, exploraremos algunas de las tendencias emergentes que están trazando la dirección de la economía del comportamiento, llevándola más allá de sus límites tradicionales y hacia un terreno inexplorado.

Exploración Interdisciplinaria:

Una de las tendencias más notables en la economía del comportamiento es su creciente colaboración con otras disciplinas. La intersección de la psicología, la economía, la tecnología y las ciencias sociales está brindando nuevas perspectivas sobre cómo entendemos y abordamos los comportamientos económicos. La colaboración interdisciplinaria está permitiendo el desarrollo de soluciones más integrales y efectivas.

Impacto Global:

La economía del comportamiento no se limita a un contexto geográfico o cultural específico. Se está extendiendo a nivel global, con aplicaciones que abordan cuestiones económicas y sociales en diferentes partes del mundo. Comprender cómo las diferencias culturales influyen en el comportamiento económico y adaptar las estrategias en consecuencia se está convirtiendo en una parte esencial de la disciplina.

Énfasis en la Ética:

A medida que la economía del comportamiento se expande y se aplica en una variedad de áreas, la cuestión de la ética se vuelve cada vez más relevante. Los profesionales de la economía del comportamiento están prestando una atención creciente a las implicaciones éticas de sus intervenciones. Esto incluye cuestiones relacionadas con la privacidad de los datos, la manipulación del comportamiento y la toma de decisiones informadas por parte de las personas.

Aplicaciones en el Bienestar Social:

La economía del comportamiento está desempeñando un papel fundamental en la promoción del bienestar social. Se utiliza para abordar problemas como la adhesión a tratamientos médicos, la reducción de comportamientos perjudiciales para la salud, la lucha contra la adicción y la promoción de comportamientos cívicos positivos. Las estrategias basadas en la economía del comportamiento están contribuyendo a la mejora de la calidad de vida de las personas en una variedad de contextos.

Evolución Tecnológica:

El avance tecnológico, en particular en áreas como la inteligencia artificial y la recopilación de datos, está permitiendo un análisis más profundo del comportamiento humano. Esto se traduce en la capacidad de diseñar intervenciones más personalizadas y efectivas. La tecnología está acelerando la investigación en la economía del comportamiento y ampliando su alcance.

A medida que contemplamos estas tendencias emergentes, nos damos cuenta de que la economía del comportamiento está lejos de alcanzar su máximo potencial. Más bien, se encuentra en un período de expansión y reinvención constante. A medida que avanzamos hacia un futuro en el que esta disciplina continuará influyendo en una variedad de áreas, es fundamental seguir explorando, debatiendo y aplicando sus principios de manera ética y efectiva. Este horizonte prometedor promete un mundo en el que nuestras decisiones económicas y sociales estén más informadas y alineadas con nuestros valores y objetivos.

Posibles Avances en la Investigación: Explorando el Horizonte del Conocimiento

El futuro de la economía del comportamiento se perfila como un terreno fértil para la innovación y el descubrimiento. A medida que los estudiosos y los profesionales se sumergen en este emocionante campo, se vislumbran diversas direcciones de investigación que prometen revelar nuevas perspectivas sobre cómo las personas toman decisiones económicas y cómo se pueden aplicar estas comprensiones para mejorar nuestra calidad de vida y nuestras sociedades en general.

Neuroeconomía y la Mente Humana:

La intersección entre la economía del comportamiento y la neurociencia, conocida como neuroeconomía, está en pleno auge. A través de técnicas de neuroimagen, como la resonancia magnética funcional, los investigadores pueden explorar las bases cerebrales de nuestras elecciones económicas. El estudio de la neuroeconomía arroja luz sobre cómo los procesos cognitivos y emocionales influyen en nuestras decisiones financieras, lo que podría llevar a estrategias más precisas y efectivas de intervención basadas en el cerebro humano.

Modelos Computacionales Avanzados:

El desarrollo de modelos computacionales avanzados está revolucionando la investigación en economía del comportamiento. Estos modelos pueden simular con precisión cómo las personas toman decisiones económicas en una variedad de contextos. A medida que la potencia informática continúa aumentando, se espera que estos modelos sean aún más sofisticados, lo que permitirá una comprensión más profunda y perspicaz de los patrones de comportamiento económico.

Inteligencia Artificial y Economía del Comportamiento:

La inteligencia artificial (IA) está comenzando a jugar un papel importante en la economía del comportamiento. Los algoritmos de IA pueden analizar grandes cantidades de datos y descubrir patrones que los humanos podrían pasar por alto. Esto tiene aplicaciones en la toma de decisiones financieras, la personalización de recomendaciones y la detección de sesgos cognitivos. La IA tiene el potencial de mejorar significativamente la efectividad de las estrategias basadas en la economía del comportamiento.

Investigación Longitudinal y Comportamiento a lo Largo del Tiempo

Las investigaciones longitudinales, que siguen a individuos o grupos a lo largo del tiempo, proporcionan una visión única del comportamiento económico a medida que evoluciona. Estos estudios pueden ayudarnos a comprender cómo las preferencias, las actitudes y las decisiones financieras cambian con el tiempo, lo que tiene implicaciones importantes para la planificación financiera, la jubilación y la toma de decisiones a largo plazo.

Aplicaciones en Política Pública y Sociedad:

La economía del comportamiento continuará desempeñando un papel fundamental en la formulación de políticas públicas. Se explorarán nuevas formas de aplicar los principios de la economía del comportamiento para abordar desafíos globales, como el cambio climático, la desigualdad económica y la atención médica. La investigación en esta área contribuirá a desarrollar estrategias más efectivas y éticas para mejorar la vida de las personas en la sociedad.

Ética y Privacidad en la Economía del Comportamiento:

A medida que esta disciplina se expande, surge la necesidad de abordar cuestiones éticas y de privacidad. Los investigadores y profesionales se enfocarán en garantizar que las estrategias basadas en la economía del comportamiento sean éticas y respeten los derechos individuales. La reflexión sobre cómo equilibrar la mejora de las decisiones económicas con la protección de la privacidad será esencial.

Estos posibles avances en la investigación revelan el rico tapiz de posibilidades que la economía del comportamiento ofrece al mundo. A medida que esta disciplina continúa desentrañando los misterios de la toma de decisiones humanas y su aplicación en una variedad de campos, podemos anticipar un futuro lleno de descubrimientos emocionantes que mejorarán nuestra comprensión de nosotros mismos y nuestras interacciones con el mundo económico que nos rodea.

El Papel de la Economía del Comportamiento en un Mundo Cambiante

En el escenario global actual, caracterizado por una rápida evolución tecnológica, cambios demográficos, desafíos medioambientales y transformaciones socioeconómicas, la economía del comportamiento emerge como un faro de comprensión y adaptación en un mar de incertidumbre. Este capítulo final nos lleva a una reflexión profunda sobre cómo esta disciplina se posiciona en medio de un mundo en constante transformación.

El Desafío de la Adaptación Continua:

En un mundo donde la tecnología avanza a pasos agigantados, nuestras vidas se ven afectadas por cambios que antes parecían inimaginables. La economía del comportamiento, al analizar cómo las personas toman decisiones económicas en este entorno en constante cambio, nos brinda las herramientas para comprender y adaptarnos a estos nuevos desafíos. La capacidad de ajustar nuestras estrategias y políticas a medida que cambian las circunstancias es fundamental para navegar con éxito por las aguas turbulentas de la economía global.

Las Respuestas a Desafíos Globales:

Desde el cambio climático hasta la creciente desigualdad económica, el mundo enfrenta problemas urgentes que requieren soluciones innovadoras. La economía del comportamiento ofrece perspectivas valiosas para abordar estos desafíos. Al comprender cómo las personas toman decisiones relacionadas con la sostenibilidad, la inversión y la distribución de recursos, podemos diseñar políticas públicas y estrategias empresariales más efectivas que promuevan un mundo más equitativo y sostenible.

La Economía del Comportamiento en la Revolución Digital:

La revolución digital ha transformado radicalmente la forma en que vivimos y trabajamos. La economía del comportamiento tiene un papel importante en el análisis de cómo las tecnologías digitales influyen en nuestras decisiones económicas, desde nuestras interacciones en las redes sociales hasta nuestras compras en línea. Comprender estos efectos es esencial para garantizar que la tecnología se utilice de manera que beneficie a las personas y no socave su bienestar.

El Equilibrio entre la Globalización y la Identidad Local:

En un mundo cada vez más globalizado, las decisiones económicas a menudo trascienden las fronteras nacionales. La economía del comportamiento nos ayuda a comprender cómo las identidades culturales y locales influyen en nuestras elecciones económicas. Esto es crucial para diseñar estrategias que respeten y valoren la diversidad cultural en un mundo cada vez más conectado.

El Futuro de la Investigación y la Innovación:

La economía del comportamiento está en constante evolución. A medida que enfrentamos los desafíos cambiantes de nuestro mundo, la investigación en esta área también debe adaptarse y avanzar. La exploración de nuevas áreas, como la neuroeconomía y la inteligencia artificial aplicada, promete ampliar aún más nuestro conocimiento y aplicaciones. La innovación en métodos de investigación y tecnología jugará un papel crucial en el futuro de esta disciplina.

En resumen, la economía del comportamiento se sitúa en la vanguardia de la comprensión y la acción en un mundo en constante cambio. Su capacidad para desvelar las motivaciones y los patrones detrás de nuestras decisiones económicas la convierte en una herramienta invaluable en la búsqueda de soluciones a los desafíos globales y en la adaptación a un entorno en constante evolución. En este contexto, abordamos las reflexiones finales y un llamado a la acción para aplicar estos conocimientos y dar forma a un futuro más informado y ético.

Reflexiones Finales y Llamado a la Acción: Empoderando el Cambio Positivo

Al culminar nuestro viaje a través de la economía del comportamiento, estamos inmersos en un océano de conocimiento y potencial. Hemos desentrañado las complejidades de cómo las personas toman decisiones económicas, explorando los rincones de la psicología humana y los factores que influyen en nuestras elecciones financieras. Ahora, en este capítulo final, es el momento de reflexionar sobre lo que hemos aprendido y considerar cómo podemos aplicar estos conocimientos para mejorar nuestras vidas y la sociedad en su conjunto.

La Conciencia como Punto de Partida:

Nuestra travesía nos ha llevado a un lugar fundamental: la conciencia. El primer paso para tomar decisiones más informadas y efectivas es ser consciente de los sesgos cognitivos y las heurísticas que pueden moldear nuestro comportamiento económico de maneras que no siempre son óptimas. Hemos observado cómo nuestros cerebros, mientras son sorprendentemente inteligentes, también pueden llevarnos a tomar decisiones impulsivas o irreflexivas. La toma de conciencia de estos patrones es el pilar sobre el cual construir decisiones más inteligentes.

La Personalización de la Transformación:

Un principio central que emerge de nuestra exploración es que no existe una fórmula mágica universal para influir en las decisiones económicas. Cada individuo es único, y nuestras decisiones están moldeadas por experiencias personales, valores y circunstancias únicas. Por lo tanto, las estrategias efectivas deben ser personalizadas y adaptadas a cada contexto y a las preferencias individuales. Esto es cierto tanto en nuestras decisiones personales como en la formulación de políticas públicas y en las estrategias de marketing.

Ética y Responsabilidad:

Mientras aplicamos los conocimientos de la economía del comportamiento, debemos hacerlo con ética y responsabilidad. Cada intervención, desde un pequeño "empujón" hasta una política pública completa, debe ser evaluada desde el punto de vista de sus implicaciones éticas. Debemos asegurarnos de que nuestras acciones no sean manipuladoras ni perjudiciales. La ética debe ser nuestra brújula constante en la búsqueda de decisiones económicas más inteligentes.

Herramientas para el Cambio en Política Pública:

La economía del comportamiento está comenzando a tener un impacto significativo en la formulación de políticas públicas. Como ciudadanos informados y comprometidos, podemos abogar por la implementación de políticas basadas en la evidencia y en los principios de la economía del comportamiento. Estas políticas pueden mejorar la vida de las personas y abordar desafíos complejos, como el cambio climático, la desigualdad económica y la atención médica asequible.

El Poder de la Educación:

El conocimiento es una herramienta poderosa para el cambio. A medida que continuamos nuestro viaje, podemos compartir estos conocimientos con amigos, familiares y colegas. Al hacerlo, estamos contribuyendo a una sociedad más informada y a decisiones más inteligentes en una variedad de contextos.

La Búsqueda Perpetua de Comprender Mejor:

La economía del comportamiento es un campo en constante evolución. Como individuos y como sociedad, debemos mantener la curiosidad y el deseo de aprender más sobre cómo tomamos decisiones económicas y cómo podemos mejorarlas. La exploración continua nos lleva a nuevas perspectivas y soluciones que pueden transformar nuestra vida cotidiana y la sociedad en su conjunto.

Un Llamado a la Acción:

Este es el momento de aplicar lo que hemos aprendido. Les invito a considerar cómo pueden utilizar los principios de la economía del comportamiento en su vida diaria y en sus interacciones con el mundo que les rodea. Ya sea en sus propias decisiones financieras, al diseñar políticas públicas o al influir en otros, todos tenemos la capacidad de hacer cambios significativos.

Juntos, podemos construir un futuro en el que nuestras decisiones económicas estén alineadas con nuestros objetivos y valores, un futuro en el que la mejora del bienestar individual y social sea un objetivo compartido. La economía del comportamiento nos brinda las herramientas y los conocimientos necesarios para avanzar hacia este futuro. El desafío y la oportunidad están ante nosotros. ¡Adelante, hagamos que las decisiones económicas sean más informadas, efectivas y éticas, y construyamos un mañana mejor para todos!

144

Epílogo: Comprender el Comportamiento Económico para un Futuro Mejor

A lo largo de estas páginas, hemos explorado las profundidades de la economía del comportamiento, una disciplina que arroja luz sobre la toma de decisiones económicas de las personas y cómo los aspectos psicológicos influyen en ellas. Ahora, al llegar al final de este viaje intelectual, es el momento de recapitular los puntos clave, invitar a una exploración más profunda y compartir algunas reflexiones personales sobre la importancia de comprender el comportamiento económico en el mundo actual.

Recapitulación de los Puntos Clave:

Nuestro viaje comenzó con una introducción a la economía del comportamiento, donde desentrañamos su enfoque en cómo las personas toman decisiones económicas y cómo los factores psicológicos influyen en esas decisiones. Exploramos conceptos fundamentales como la irracionalidad económica, la toma de decisiones y la economía conductual.

En el Capítulo 1, "Fundamentos de la Economía del Comportamiento", establecimos los cimientos de esta disciplina. Definimos su origen y cómo se ha convertido en un pilar de la economía moderna. También sumergimos en los cimientos psicológicos que sustentan la toma de decisiones económicas.

En el Capítulo 2, "Modelos de Toma de Decisiones", exploramos los modelos tradicionales frente a los modelos de comportamiento. A través de ejemplos y casos históricos, aprendimos cómo los sesgos cognitivos y las heurísticas pueden llevarnos a tomar decisiones subóptimas y cómo la psicología influye en nuestra toma de decisiones económicas.

En el Capítulo 3, "Irracionalidad Económica", profundizamos en los desafíos de tomar decisiones racionales. Exploramos ejemplos de comportamiento irracional en la economía y su impacto en el mercado y la sociedad. Además, analizamos estudios de caso que ilustran la complejidad de las decisiones económicas humanas.

En el Capítulo 4, "Sesgos Comunes en la Toma de Decisiones", desglosamos una serie de sesgos cognitivos que afectan nuestras elecciones financieras. Desde el sesgo de confirmación hasta el efecto anclaje y la aversión a la pérdida, examinamos cómo estos sesgos influyen en nuestras decisiones y cómo podemos mitigarlos.

En el Capítulo 5, "Economía Conductual y Política Pública", exploramos cómo la economía del comportamiento influye en la formulación de políticas públicas. Examinamos conceptos como los "nudges" y el paternalismo libertario, así como casos de estudio sobre políticas exitosas basadas en la economía del comportamiento.

En el Capítulo 6, "Comportamiento del Consumidor", abordamos cómo la economía del comportamiento impacta en el marketing y la publicidad. Exploramos cómo las empresas aprovechan los sesgos cognitivos y cómo las elecciones influyen en la experiencia del consumidor. También analizamos estrategias de marketing basadas en la economía del comportamiento.

En el Capítulo 7, "Ahorro, Inversión y Retiro", nos adentramos en la psicología detrás del ahorro y la inversión. También consideramos la planificación financiera a lo largo de la vida, los desafíos en la jubilación y las estrategias para fomentar el ahorro y la inversión responsables.

Finalmente, en el Capítulo 8, "Futuro de la Economía del Comportamiento", exploramos el papel de esta disciplina en un mundo cambiante. Reflexionamos sobre su capacidad para abordar desafíos globales, su relevancia en la revolución digital y su equilibrio entre la globalización y la identidad local.

Invitación a Explorar Más:

La economía del comportamiento es un campo en constante crecimiento y evolución. Este libro ha proporcionado una introducción sólida a sus conceptos y aplicaciones, pero existe un vasto mundo de investigaciones, estudios de casos y desarrollos recientes que aguarda a aquellos que deseen profundizar aún más. A medida que exploramos este campo, podemos descubrir nuevas perspectivas que enriquecerán nuestras vidas y nuestras sociedades.

Si este libro ha despertado su interés, lo invito a seguir explorando a través de investigaciones académicas, libros especializados y recursos en línea. La economía del comportamiento ofrece una mirada fresca y valiosa a cómo funcionamos como seres económicos y cómo podemos tomar decisiones más informadas y efectivas en un mundo complejo.

Reflexiones Personales:

En mi propio viaje a través de la economía del comportamiento, he llegado a apreciar profundamente su relevancia y su poder transformador. Esta disciplina arroja luz sobre nuestra naturaleza humana y cómo nuestras mentes a menudo se desvían de lo que podríamos considerar decisiones puramente

Bibliografía

Libros:

Thaler, R. H., & Sunstein, C. R. (2008). "Nudge: Improving Decisions About Health, Wealth, and Happiness." Penguin Books.

Kahneman, D. (2011). "Thinking, Fast and Slow." Farrar, Straus and Giroux.

Ariely, D. (2009). "Predictably Irrational: The Hidden Forces That Shape Our Decisions." HarperCollins.

Mullainathan, S., & Shafir, E. (2013). "Scarcity: Why Having Too Little Means So Much." Times Books.

Thaler, R. H. (2015). "Misbehaving: The Making of Behavioral Economics." W. W. Norton & Company.

Artículos académicos:

Tversky, A., & Kahneman, D. (1974). "Judgment under Uncertainty: Heuristics and Biases." Science, 185(4157), 1124-1131.

Loewenstein, G., & Thaler, R. H. (1989). "Anomalies: Intertemporal Choice." Journal of Economic Perspectives, 3(4), 181-193.

Ariely, D., Loewenstein, G., & Prelec, D. (2003). "Coherent Arbitrariness: Stable Demand Curves without Stable Preferences." The Quarterly Journal of Economics, 118(1), 73-106.

Camerer, C., & Loewenstein, G. (2004). "Behavioral Economics: Past, Present, Future." In C. Camerer, G. Loewenstein, & M. Rabin (Eds.), "Advances in Behavioral Economics" (pp. 3-51). Princeton University Press.

Thaler, R. H., Tversky, A., Kahneman, D., & Schwartz, A. (1997). "The Effect of Myopia and Loss Aversion on Risk

Taking: An Experimental Test." The Quarterly Journal of Economics, 112(2), 647-661.

Recursos en línea:

Behavioral Science & Policy Association (BSPA) - https://behavioralpolicy.org/

The Behavioral Insights Team - https://www.bi.team/

Center for Advanced Hindsight - https://advanced-hindsight.com/

The Decision Lab - https://thedecisionlab.com/

Behavioral Economics Guide - https://www.behavioraleconomics.com/

Agradecimiento a los Lectores:

En este punto culminante de nuestro viaje a través de las páginas de este libro sobre Economía del Comportamiento, quiero tomar un momento para expresar mi más sincero agradecimiento a cada uno de ustedes, queridos lectores.

Como escritor novel, este proyecto ha representado un desafío emocionante y enriquecedor. He invertido tiempo, esfuerzo y una pasión inquebrantable en cada palabra que ha dado vida a estas páginas. Sin embargo, un libro no encuentra su verdadero propósito hasta que es leído y apreciado por aquellos que se aventuran en sus ideas y conceptos.

Es a ustedes, lectores, a quienes dedico este libro. Su confianza al embarcarse en este viaje intelectual es un testimonio de su deseo de explorar, aprender y comprender más sobre un tema tan fascinante como la economía del comportamiento. Cada página que han leído representa un vínculo entre nosotros, un puente de conocimiento compartido que nos une en la búsqueda de un entendimiento más profundo.

A medida que cierren este libro, espero que se lleven consigo no solo el conocimiento y la sabiduría que hemos explorado juntos, sino también una apreciación más profunda de cómo el estudio del comportamiento humano puede enriquecer nuestras vidas y nuestra comprensión del mundo que nos rodea.

Su apoyo y su tiempo dedicado a estas páginas significan más para mí de lo que las palabras pueden expresar. En cada lectura, encuentro una razón para seguir explorando y compartiendo el conocimiento.

Una vez más, gracias por ser parte de este viaje. Les animo a seguir explorando, cuestionando y buscando respuestas en el fascinante mundo de la economía del comportamiento y más allá.

Con gratitud y aprecio, Aitor.